Ulrich Offenberg

KAISER WILHELM II.

© Verlag KOMPLETT-MEDIA GmbH
2015, München/Grünwald
www.der-wissens-verlag.de

Geschichts-Daten

27. Januar 1859:	Geburt von Friedrich Wilhelm Viktor Albert von Preußen, dem späteren Kaiser Wilhelm II.
1866 - 1877:	Gymnasialausbildung bei Dr. Georg Hinzpeter
1866:	Sieg Preußens über Österreich
1869:	Eintritt in die Armee als Leutnant
1871:	Sieg Preußens über Frankreich
1874 - 1877:	Gymnasiast am Friedrichsgymnasium in Kassel
1877 - 1879:	Studium an der Rheinischen Friedrich-Wilhelm-Universität in Bonn (Nationalökonomie, Geschichte, Philosophie, Literatur-Geschichte, Kunsthistorie u.a.
29. Oktober 1879:	Rückkehr in den Militärdienst in Potsdam
14. Februar 1880:	Verlobung mit Prinzessin Auguste Viktoria von Schleswig-Holstein-Sonderburg-Augustenburg (*1858)
27. Februar 1881:	Hochzeit mit Auguste Viktoria („Dona“)
1882 – 1892:	Geburt von 7 Kindern (6 Söhne, 1 Tochter)
9. März 1888:	Tod von Kaiser Wilhelm I., Friedrich III. wird neuer deutscher Kaiser
15. Juni 1888:	Tod von Kaiser Friedrich III., Wilhelm II. wird neuer deutscher Kaiser
18. März 1890:	Demission von Otto von Bismarck als Reichskanzler

Geschichts-Daten

27. Juli 1900:	„Hunnenrede“
17. Oktober 1900:	Ernennung von Graf Bernhard von Bülow zum Reichskanzler
1906:	Stapellauf des britischen Kampfschiffes „Dreadnought“
24. Juli 1905:	Freundschaftsvertrag mit Russland von Björkö
1906:	Erste Marokko-Krise
28. Oktober 1908:	Daily-Telegraph-Interview
1908:	Flottennovelle, Aufrüstung der deutschen Kriegsmarine
1909:	Ernennung von Theobald von Bethmann Hollweg zum Reichskanzler
1911:	Zweite Marokko-Krise, „Panther-Sprung“ nach Agadir
1912/1913:	Rüstungswettlauf in Europa
28. Juni 1914:	Attentat in Sarajewo, Ermordung des österreichischen Thronfolgers Franz-Ferdinand
5. Juli 1914:	„Blankovollmacht“ Wilhelms II. an Österreich-Ungarn
28. Juli 1914:	Kriegserklärung Österreich-Ungarns an Serbien, Beginn des 1. Weltkrieges
1./3. August 1914:	Kriegserklärung Deutschlands an Russland bzw. Frankreich
1914:	Eroberung Belgiens und großer Teile Frankreichs („Schlieffen-Plan“) Verlustreicher Stellungskrieg im Westen

7. Mai 1915:	Versenkung des amerikanischen Passagierschiffes „Lusitania“
1916/17:	„Steckrübenwinter“
1. Februar 1917:	Erklärung des uneingeschränkten U-Boot-Krieges
6. April 1917:	Kriegserklärung der USA an Deutschland
1917/18:	„Hungerwinter“
3. März 1918:	Frieden von Brest-Litowsk mit den Russen
8. August 1918:	Durchbruch der Briten bei Amiens
3. Oktober 1918:	Ernennung von Maximilian von Baden zum Reichskanzler
28. Oktober 1918:	Deutschland erhält ein parlamentarisches System
9. November 1918:	Erzwungene Abdankung von Wilhelm II. als Deutscher Kaiser
10. November 1918:	Erstes Asyl in Spa (Belgien)
11. November 1918:	Kapitulation Deutschlands und Waffenstillstand in Compiègne Ende des 1. Weltkrieges
1919/1920:	Exil in Amerongen (Niederlande)
1921 - 1941:	Exil im Haus Doorn bei Utrecht (Niederlande)
11. April 1921:	Tod von Ehefrau Auguste Viktoria („Dona“)
5. November 1921:	Heirat mit der verwitweten Prinzessin Hermine von Schönaich-Carolath, geborene Prinzessin Reuß
1. September 1939:	Beginn des 2. Weltkrieges
22. Juni 1940:	Kapitulation Frankreichs in Compiègne
4. Juni 1941:	Tod von Wilhelm II. in Doorn

Inhaltsverzeichnis

Das erste Kind des Kronprinzen Friedrich Wilhelm von Preußen und der englischen Prinzessin Victoria wurde bei seiner Geburt am 27. Januar 1859 vom Volk mit Jubel und Hurra-Rufen begrüßt. Beim Eintritt ins Leben war der kleine Wilhelm auf Dauer geschädigt worden. Das Kind kam, wie der Arzt konstatierte, scheintot zur Welt.

Wilhelm II. war eine Steißgeburt, die in jenen Zeiten meist tödlich verlief. Der linke Arm, 15 Zentimeter kürzer als der rechte, blieb leblos, hing nutzlos herab. Zum physischen Problem kamen später psychische Schäden als Folge der Behandlungen, mit denen die Lähmung des Armes behoben werden sollte. Der Arm des Knaben wurde mal elektrisiert, mal in eine Streckmaschine gespannt oder – weil die Ärzte zu moderneren Methoden noch kein rechtes Zutrauen hatten – nach altherkömmlicher Art salbadert: An das verkrüppelte Glied wurden in der abwegigen Erwartung, dies könne den abgestorbenen Arm wieder beleben, kurz vorher getötete und aufgeschlitzte Tiere gebunden.

Die Qualen, denen der junge Wilhelm bei den vergeblichen Bemühungen einer Heilung ausgesetzt wurde, blieben nicht ohne Konsequenzen auf den Charakter des künftigen Herrschers. Gereiztheit, ja Erbitterung war gegen jene zu konstatieren, die ihn so hatten behandelt lassen. Sein Groll richtete sich vor allem gegen seine Eltern, die ihn in diesem Zustand in die Welt gesetzt hatten.

Die Missbildung, die er etwa beim Anziehen des Uniformrocks als äußerst störend empfand, führte außerdem immer wieder zu Überreaktionen. Mit ihnen suchte er die Verkrüppelungen zu kompensieren: Daher sein häufig übertrieben schneidiges Auftreten und seine überzogene, forsche Gestik.

Weniger offensichtlich, doch schwerwiegender als die körperliche Abnormität schien ein anderer Geburtsfehler gewesen zu sein. Die neuere Forschung schließt nicht aus, dass bei der Steißgeburt auch das Gehirn geschädigt wurde und daraus manche Verhaltensstörungen wie Unstetigkeit oder Unkonzentriertheit zu erklären seien.

Kein Geringerer als Sigmund Freud machte auf die Folgen aufmerksam, die sich durch den Geburtsschaden für Sohn und Mutter ergeben hätten. Victoria, die erstgeborene Tochter der englischen Königin Victoria, habe nicht – wie Mütter gewöhnlich in solchen Fällen – ihr behindertes Kind durch vermehrte Zuneigung zu entschädigen gesucht, sondern *„sie entzog dem Kind ihre Liebe wegen seines Gebrechens.“* Als dann aus dem Kind ein mächtiger Mann geworden sei, *„bewies dieser durch seine Handlungen unzweideutig, daß er der Mutter nie verziehen hatte.“*

Das Verhalten der Mutter wird durch die Umstände der Geburt verständlicher. Victoria heiratete mit 17, gebar mit 18 ihr erstes Kind unter unsäglichen Schwierigkeiten. Die Etikette verlangte, dass sie dabei einen Unterrock anbehielt, wodurch alles noch schwieriger wurde. Das Chloroform, das sie stundenlang einatmete, hatte ihre Schmerzen kaum zu dämpfen vermocht.

Überdies entwickelte sich der Charakter des Prinzen in einer Weise, die Victoria zunehmend an seiner Eignung zum Volksvorbild zweifeln ließ. Immer öfter klagte sie über Wilhelms Selbstsucht, Hochmut und Herzenskälte, seinen Mangel an Bescheidenheit, Güte, Wohlwollen, Rücksichtnehmen auf Andere.

Die Mutter begriff nicht, dass sie zu dieser negativen Entwicklung nicht unwesentlich beitrug. Sie ließ es ihren Sohn nur zu deutlich spüren, dass sie sich von ihm körperlich wie geistig mehr erwartet hatte. Sie hatte sich einen strammen und keinen behinderten Jungen gewünscht, einen Prinzen, der so zu werden versprach wie ihr Vater, Prinzgemahl Albert. Der erledigte alle seine Aufgaben gewissenhaft, egal ob sie ihm zugewiesen wurden und er sie sich selber ausgesucht hatte. Er war stets ernsthaft bemüht, an dem Platz, an den ihn das Schicksal gestellt hatte, sein Bestes zu geben.

Jugend in England

Der Sohn rückte von der Mutter, die ihn nicht verstand und ihm die schwere Geburt nie verzieh, im Laufe der Jahre immer weiter ab. Und mit der Distanz zu ihr entfernte er sich auch immer mehr von ihrem Mutterland England. Die persönliche Abneigung gewann später politische Bedeutung. Dabei hatte der Mann, der England später als *„perfides Albion"* und die englische Familie als *„verfluchte family"* bezeichnete, als Junge wunderschöne Zeiten auf der britischen Insel erlebt.

„Die frühesten Erinnerungen, die ich mir noch heute deutlich zurückrufen kann", begann er seine Memoiren, *„verknüpfen sich mit dem Schlosse Osborne auf der Insel Wright"*, dem Lieblingssitz der englischen Königsfamilie. Großvater Albert pflegte das Baby *„in eine Serviette zu legen und darin zu schaukeln"*. Wilhelm schien das aber nicht für eine dem Preußenprinzen angemessene Behandlung gehalten zu haben.

Im Alter von vier Jahren, 1863, kam der junge Prinz ein weiteres Mal nach England. Anlass war die Hochzeit seines Onkels Bertie, des späteren Königs Eduard VII. Er erinnerte sich in seinen Memoiren an den Paukenschläger der Horse Guards und die blauen Mäntel der Ritter vom Hosenbandorden.

Noch an eine andere Geschichte erinnerte sich Wilhelm später: Er hatte den kleinen Dolch, den er zu seiner schottischen Tracht trug, gegen die englischen Prinzen Arthur und Leopold gezückt, als sie ihn in der St. Georges`s Chapel in Windsor zur Ruhe mahnten. Die Familie behauptete später, er habe den 13-jährigen Arthur, als er ihm den Dolch entwinden wollte, sogar ins Bein gebissen.

Es folgten noch viele weitere Besuche in England, das die Mutter nicht oft genug besuchen konnte. Großmutter Victoria, die der Heranwachsende später respektlos als „als altes Reff" bezeichnete, kam ihrem *„dear boy"* fürsorglich, wenn auch gouvernantenhaft entgegen. Bei jeder passenden und auch unpassenden Gelegenheit stellte sie ihm Großvater Albert als leuchtendes Vorbild hin und ermahnte ihn eindringlich, seinen Eltern gegenüber gehorsam zu sein.

Ziviles Spielzeug, beispielsweise die Kinderküche im Schlosspark, interessierte den jungen Wilhelm wenig. Schon damals war er viel mehr von den ausrangierten Kanonen, mit denen seine Onkel bereits „Bum Bum" gemacht hatten, und erst recht von den Geschützen auf den britischen Kriegsschiffen fasziniert. Auf dem Dreidecker St. Vincent durfte er sogar erstmals eine Abzugsschnur ziehen und begeisterte sich am Donner des Schusses. Später, als Kaiser, verwirklichte er die maritimen Träume, die er als kleiner Prinz hatte, in verhängnisvoller Weise und baute sich seine riesige Flotte von Schlachtschiffen. Und seinem Volke redete er ein, dass Deutschlands Zukunft auf dem Wasser liege.

Dabei lag Preußens Vergangenheit wie Gegenwart auf dem Lande, gründete auf der *„schirmenden Wehr"* seines Heeres. Auch das gehörte zu Wilhelms frühesten Eindrücken. *„Preußens Hauptstadt war ohne Soldaten und ohne Militär-*

musik nicht zu denken", erinnerte er sich. Im Winter, wenn die Familie im Kronprinzenpalais zu Berlin wohnte, bewunderte er sonntags die marschierenden Soldaten, die nach dem Gottesdienst Unter den Linden an Wilhelm I. vorbei marschierten. *„Der Furor militaris, der bei uns in der Familie traditionell und selbstverständlich ist"*, ergriff auch den jüngsten Spross.

Die Erziehung des jungen Prinzen

Um Wilhelm frühzeitig preußischen Schliff beizubringen, wurden von den Eltern die passenden Erzieher ausgewählt. Besonders geeignet schien ihnen dafür Freifräulein Sophie von Dobeneck. 1861 wurde sie zur Gouvernante des Prinzen bestellt, und bereits 1862 zur Obergouvernante befördert. Sie galt als resolut und handgreiflich.

Mit sechs Jahren bekam Wilhelm einen Militärgouverneur, der ihm erste Kenntnisse über Uniformen, Waffen und Waffengattungen vermittelte. Mehr Spaß schienen ihm die Stunden beim Sergeanten Klee gemacht zu haben, der ihn das Trommeln lehrte. An seinem zehnten Geburtstag wurde er, wie es bei den Hohenzollern Tradition war, in die preußische Armee aufgenommen und in die Uniform des Ersten Garderegiments zu Fuß gesteckt. Auf dem Kasernenhof wurde dann erstmals mit ihm exerziert.

Bei seiner Ausbildung gewann preußische Realität schon bald die Oberhand über englische Idealität. Das war nicht zuletzt seinem zivilen Erzieher zuzuschreiben, dem Gymnasiallehrer Dr. Georg Hinzpeter, der dem Prinzen neuhumanistisches Bildungsgut mit spartanischen Methoden einbläute. In der entscheidenden Entwicklungsphase seines Zöglings, von 1866 bis 1877, trug er viel dazu bei, eine von den Eltern gewünschte liberale Erziehung zu vereiteln und Wilhelms schwachen Charakter noch mehr zu verbiegen.

Der Bielefelder Professorensohn war ein Kalvinist, Anhänger jener Reformationslehre, die davon ausging, dass der Schöpfer seine Kreaturen von Anbeginn in Auserwählte und Verworfene eingeteilt habe. Hinzpeters Pädagogik war ganz auf harte, nüchterne Pflichterfüllung und aufs Dienen eingestellt. Der Charakter musste durch stetes Entsagen gestählt werden. Das Leben des Prinzen hatte sich demnach im Sinne altpreußischer Einfachheit zu gestalten.

Trockenes Brot gab es zum Frühstück, und wenn seine Vettern aus Meiningen zu Besuch da waren, musste er ihnen Kuchen anbieten, durfte aber selbst nichts davon nehmen. Bereits im Alter von sieben Jahren begann der Erziehungstag im Sommer um sechs Uhr morgens und im Winter um sieben Uhr. Er dauerte zwölf Stunden lang und war nur unterbrochen durch karge Mahlzeiten und anstrengende Leibesübungen.

Auf die rüde Art, mit der er dem behinderten und daher unsicheren Achteinhalbjährigen das Reiten beibrachte, war Hinzpeter besonders stolz: *„Da weder Reitknecht noch Stallmeister dazu imstande waren, hob der Erzieher, seine inzwischen unbedingt gewordene moralische Autorität mit einsetzend, den weinenden Prinzen auf sein Pferd ohne Bügel und erzwang die Übung der verschiedenen Gangarten, taub gegen alles Bitten und Weinen, erbarmungslos den unaufhörlich herunterstürzenden Reiter wieder hinauf hebend, bis endlich nach wochenlanger Quälerei das nötige, schwer zu erwerbende Gleichgewicht erlangt war.“*

Der Erfolg rechtfertigte das Mittel, lautete die kalvinistische wie preußische Maxime, nach der dem Erziehungsbefohlenen eine neuhumanistische Bildung mit altpreußischen Methoden einpaukte. Ob sich der Schüler zu seiner Zufriedenheit entwickelt hatte, darüber nachzusinnen bekam Hinzpeter, der bis 1907 lebte, noch reichlich Gelegenheit. Bereits am Gymnasiasten rügte er Unkonzentriertheit und Lernunfähigkeit, eine Versteifung des Charakters, den fast kristallinisch hart gefügten Egoismus, der den innersten Kern des Wesens Wilhelms ausmachte. Auf den Gedanken, dass er daran mitschuldig sein könnte, schien der Pädagoge nie gekommen zu sein.

Rückblickend klagte Wilhelm II., so freudlos wie sein Wesen sei auch die Pädagogik Hinzpeters gewesen, *„und freudlos die Jugendzeit, durch die mich die harte Hand des spartanischen Idealisten geführt hat."* Die 1.000 Seiten Grammatik, durch die er sich hindurch hatte quälen müssen und die endlose Beschäftigung mit dem Römertum und dem Hellenentum habe nicht den richtigen Segen für die Förderung des Germanentums und die Weltgeltung Deutschlands gebracht, bemängelte er im Nachhinein.

Die glorreiche Zeit des Reichs

Die glorreichen Ereignisse der Reichsgründungszeit müssen auf den Knaben Wilhelm einen unauslöschlichen Eindruck gemacht haben. Der Fünfjährige stand 1864 am Fenster des Kronprinzenpalais, als der Großvater die Parade der in den Krieg gegen Dänemark marschierenden Truppen abnahm, die er schon bald darauf als Sieger heimkehren sah.

Zwei Jahre später erlebte er den Einzug des siegreichen königlichen Heeres, das im Krieg von 1866 Österreich geschlagen und den Weg für eine Einigung Deutschlands durch Preußen freigekämpft hatte. Der Siegesmarsch führte durchs

Brandenburger Tor, über die Linden, die „Via triumphalis", zum Ziel im Lustgarten. Wieder vier Jahre später, im Juli 1870, wurde der Elfjährige zum Vater gerufen, der ihm eröffnete, dass er als Oberbefehlshaber einer Armee in den Krieg gegen Frankreich ziehen würde. Zum Kampf gegen den Erbfeind, der den Preußen die Macht missgönne und den Deutschen die Einheit vorenthalten wolle.

„*Wie habe ich über die ersten Siege gejubelt!*", erinnerte sich Wilhelm II. „*Wie habe ich mich über die ersten ins Neue Palais gebrachten Kriegstrophäen, einen Reiterhelm, die Fahne von Lützelstein, die Stadtschlüssel der Städte Nancy und Bar-le-Duc, sowie über die erbeuteten französischen Adler gefreut, die zum Balkon des Arbeitszimmers meines Vaters hinausgehängt wurden! Was habe ich nicht damals mit den anderen Jungen Hurra und immer wieder Hurra geschrien!*"

Vom großen Sieg bei Sedan erfuhr Wilhelm in Bad Homburg, wo seine Mutter ein Lazarett eingerichtet hatte. Im Nachthemd stürzte er ans Fenster, sah Fackeln tragende und die „Wacht am Rhein" singende Menschen vorüberziehen – und musste sich ein Donnerwetter Hinzpeters wegen eigenmächtigen Aufstehens und seines ungehörigen Erscheinungsbildes anhören.

Zur Kaiserproklamation in Versailles gratulierte der Prinz dem „*lieben Großpapa*" in einem Brief, bei dem ihm Hinzpeter die Feder geführt hatte: „*Es scheint nun ein großes Glück, dass Du Deutscher Kaiser geworden bist, denn jetzt sind alle kleinen deutschen Fürsten zu einem einzigen großen und mächtigen Staate verbunden. Jetzt ist endlich die kaiserlose Zeit vorbei und das deutsche Reich einig. Du kannst Dir leicht denken, wie ich mich freue, zu einem Geschlecht zu ge-*

hören, welches sich an die Spitze des deutschen Reiches emporgeschwungen hat....“

Bald darauf konnte Wilhelm seinen Großvater als Deutschen Kaiser begrüßen. Beim Einzug durch das Brandenburger Tor ritt der Zwölfjährige auf einem Pony dicht hinter dem Vater. Hinzpeter ließ ihn einen Aufsatz schreiben, in dem er eingestand, *„daß während des ganzen Ritts die Linden herunter und während der Parade ich keine Zeit zum Denken gehabt habe; ich war zu sehr mit Staunen und Hören beschäftigt.“* Der stärkste Eindruck war, dass ihm der Kaiser die Hand auf die Schulter gelegt und gesagt hatte: *„Diesen Tag wird Er auch nicht vergessen.“*

Er vergaß diesen Tag wirklich nie und gewöhnte sich daran, fasziniert durch die schimmernde Wehr und das klingende Spiel der Militärs, mit dem Denken auszusetzen. Das war die Prädisposition eines jungen Prinzen, der nun nicht nur Anwärter auf den preußischen Königsthron, sondern nun auch auf den deutschen Kaiserthron war.

Das neue Reich wurde von einer Koalition aus konservativem Preußentum und nationalliberalem Bürgertum getragen. Dadurch kamen Wilhelms Eltern auf die Idee, die im Kronprinzenpalais in höfischer Isolation begonnene Erziehung des künftigen Königs und Kaisers in einem öffentlichen Gymnasium fortzusetzen. Friedrich Wilhelm und primär Victoria versprachen sich von einem Prinzen, der sich unter Bürgersöhnen bewegte, mehr Bürgernähe. Und sie erhofften sich von dem Thronerben mehr Bürgersinn, wenn er seine Kräfte mit gesellschaftlichen Aufsteigern messen musste.

Wilhelms Eltern waren einerseits dem modernen Geist aufgeschlossenen und dabei dennoch der monarchistischen Tradition verhaftet. Sie bauten darauf, dass bürgerliche Lehrkräfte, die Freisinn mit Obrigkeitsgläubigkeit zu vereinen wussten, ihren Sohn jenen Liberalismus näher bringen könnten, der ihnen als Staatsideal vorschwebte. Auch Hinzpeter riet zur Ausbildung in einer öffentlichen Anstalt. Wenn der Prinz mit Bürgerlichen die gleiche Schulbank drücke, würde er vielleicht seine Überheblichkeit verlieren. Diese „bürgerliche" Ausbildung war ein Novum im Hohenzollernhaus, das von Wilhelm I., dem kaiserlichen Familienoberhaupt, grollend hingenommen wurde.

Gymnasiumszeit in Kassel

Im September 1874 trat der Prinz in die Obersekunda des Gymnasiums in Kassel ein. Er kam mit seinem jüngeren Bruder Heinrich, dem Zivilgouverneur Dr. Hinzpeter und dem Militärgouverneur Generalmajor von Gottberg samt Dienerschaft, wohnte im Winter im Fürstenhof und im Sommer auf Schloss Wilhelmshöhe. Diese Umstände waren nicht dazu angetan, Hinzpeters Rechnung aufgehen zu lassen. Wilhelms dynastischer Stolz wurde kaum gemindert. Im Alter von gerade 16 Jahren erklärte er kühn, ein neuer Friedrich der Große werden zu wollen.

Auch sein schulischer Ehrgeiz wurde in Kasel kaum gestärkt. Hinzpeter klagte weiter über Lernunlust und Nachlässigkeit. *„Ich glaube nicht, daß er klug ist. Er hat nur ein vortreffliches Gedächtnis. Er glaubt aber, schon alles zu verstehen, spricht über alles und stellt Behauptungen auf mit einer Sicherheit und Rechthaberei, die einen Widerspruch völlig abschneiden"*, bemerkte 1875 Hans Delbrück, der Erzieher von Wilhelms Bruder Waldemar. *„Sein Hochmut ist sehr groß und nicht versteckt, sondern bewußt."*

Dabei ließ Wilhelms Stundenplan kaum Zeit für ein Verschnaufen, geschweige denn für jeglichen Auslauf. Der Schülertag begann im Sommer mit dem Wecken um fünf Uhr, um sechs Uhr ging es mit der Vorbereitung auf den Gymnasialunterricht los, der von acht bis zwölf und von 14 bis 16 Uhr dauerte. Zwischen zwölf und 14 Uhr wurde spazieren gegangen, gefochten oder geschwommen. Um 16 Uhr begann die Repetitionsstunde bei Hinzpeter, zwischen 17 und 18 Uhr war Essenspause, an die sich der Nachhilfeunterricht anschloss, der sich oft bis 21 Uhr oder länger hinzog.

Die Naturwissenschaften, die den technischen Fortschritt und die industrielle Entwicklung ermöglicht hatten, blieben dem Schüler eines altsprachlichen Gymnasiums ein Buch mit sieben Siegeln. Sein Interesse daran war gering. Für Mathematik hatte er keinerlei Begabung. Für Physik und Chemie war im Lehrplan des Kasseler Gymnasiums ohnehin wenig Platz.

Im Januar 1877 bestand Wilhelm das Abiturexamen als Zehnter unter den 17 Schülern seiner Klasse. Das Zeugnis bescheinigte ihm die Reife für ein Universitätsstudium. Das bedeutete aber noch lange nicht, dass er reif für das Leben gewesen wäre. Seine Mutter bestritt das und viele, die den unfertigen Charakter des Prinzen gut kannten, pflichteten ihr bei. Er selbst war felsenfest der Meinung, dass er spätestens mit der Vollendung seines 18. Lebensjahres die Vollreife erlangt habe. Darin wurde er durch die feierliche Erklärung seiner Volljährigkeit am 27. Januar 1877 nur bestärkt.

Der Prinz war voller Stolz, dass ihn sein Großvater zu diesem Anlass den Schwarzen Adlerorden verlieh, den höchsten Orden Preußens. Von der englischen Großmutter, Queen Victoria, die ihn eigentlich mit dem Bathorden auszeichnen wollte, verlangte – und erhielt er – den Hosenbandorden, die höchste Auszeichnung, die das englische Königshaus zu vergeben hatte.

Obwohl in der Thronfolge sein 46-jähriger Vater vor ihm stand, fühlte sich der junge Wilhelm schon jetzt nicht nur herrschaftsberechtigt, sondern auch überlegen und unabhängig. Zu seiner großen Freude war er nun den Plagegeist seiner Jugend losgeworden: Hinzpeter, dessen Aufgabe als erfüllt angesehen wurde, zog sich nach Bielefeld zurück. Dem künftigen Kaiser stand nun eine ungebundene Studentenzeit in Bonn am Rhein bevor.

Studienzeit in Bonn

In Bonn genoss der Hohenzollern-Prinz jene Burschenherrlichkeit, die so oft besungen worden ist, aber nur von einem wie ihm voll und ganz genossen werden konnte. Ihm standen alle Mittel für ein flottes Studentenleben zur Verfügung. Er musste nicht ernsthaft studieren, da er ohnehin nicht vorhatte, einen akademischen Beruf zu ergreifen. Bonn als Studienort wurde gewählt, weil es in Preußen lag und schon sein Vater dort studiert hatte. Auf seinen Spuren trat Wilhelm auch der feudalsten Studentenverbindung bei, dem Korps Borussia. Aktiv wurde er dort nicht, stand nicht auf Mensur, blieb „Konkneipant“, beschränkte sich auf die angenehme, wenn auch nicht unstrapaziöse Seite des Verbindungswesens.

Als Studiosus war Wilhelm absolut nicht gefordert. Die meisten Vorlesungen hörte er nicht in der Universität, sondern privatissimum in seiner Residenz, der Villa Frank in der Koblenzer Straße. In die Staats- und Rechtswissenschaften, die er als Studiengegenstand angegeben hatte, drang er nur oberflächlich ein. Immerhin wurde er auf das Wesen der Verfassung Preußens wie des Deutschen Reiches hingewiesen: die Sonderform einer konstitutionellen Monarchie, in der das Parlament Rat und Kommentare abgeben durfte, die Monarchie aber absolut das Sagen hatte.

Neben den Studien der Rechtswissenschaften hörte Wilhelm auch in andere Wissenschaften hinein: Nationalökonomie, Geschichte, Philosophie, Literaturgeschichte, Kunsthistorie und sogar Experimentalphysik und Experimentalchemie. Was aber ein Studium generale hätte sein sollen, war in Wahrheit ein Kurzlehrgang für einen (Möchtegern-)Generalisten. Viel zu viel wurde diesem jungen Mann vorgeführt, der sich sowieso nur auf weniges konzentrieren konnte – oder wollte – und ohnehin schon alles zu wissen meinte.

Das Verständnis für die riesige Stoffvielfalt wurde ihm noch ganz real dadurch erschwert, dass ihm Wucherungen und Eiterungen im inneren Ohr zu schaffen machten. 1879 warnte der Bonner Privatdozent Dr. Heinrich Walb ganz dringend: *„Die Lage des Krankheitsherdes in der Tiefe des Kopfes, vom Gehirn nur durch eine nicht sehr dicke Knochenwand getrennt, der unmittelbare Zusammenhang, der zwischen den tiefen Teilen des Ohres und dem Gehirn gegeben ist, indem zahlreiche Kanäle den Knochen durchbohren, bringen es mit sich, dass Entzündungen des inneren Ohres entweder das Gehirn sehr bald in Mitleidenschaft ziehen oder sich vom Ohr auf das Gehirn fortpflanzen können.“*

Die Mutter meinte nach dieser Diagnose, hier eine Erklärung für die bisweilen offenkundigen Verhaltensstörungen ihres Sohnes gefunden zu haben: für seine Gereiztheit, Ruhelosigkeit und Sprunghaftigkeit oder die Tatsache, dass er nicht nachdenken wollte und wenig begreifen konnte. Oder auch für seine offenkundige Unlust, irgendetwas auch nur anzusehen oder auch für sein Desinteresse an Kunst oder schönen Landschaften. Der Vater wiederum wunderte sich, dass sein Sprössling am Rhein, dem großen deutschen Strom, nicht wie er selbst einst von einer veritablen Rheinromantik ergriffen wurde. Noch weniger konnte er verstehen, dass der Sohn im neupreußischen Westelbien, das sich in seinen Augen vom altpreußischen Ostelbien so vorteilhaft abhob, nicht einiges von rheinischer Bürgerlichkeit und Liberalität annehmen wollte.

Der Großonkel, Friedrich Wilhelm IV., dem der spätere Wilhelm II. in physischer wie psychischer Beziehung relativ gleich kam, hatte einst die Vollendung des Kölner Doms veranlasst. Den Großneffen ließ das offenkundig kalt. Sogar Großvater Wilhelm war, als er in den 50er-Jahren als Militärgouverneur des Rheinlandes und Westfalens in Koblenz amtiert hatte, vom Liberalismus der Westprovinzen berührt worden – wenn auch nur vorübergehend. Das Militärische blieb Wilhelms Welt, nicht das Akademische. Am 29. Oktober 1879 meldete er sich nach nur vier Semestern in Bonn bei seinem Regiment in Potsdam zurück.

In der Kaserne

Noch als Kasseler Gymnasiast war Wilhelm zum Premierleutnant befördert worden. Und bevor der den Studenten in Bonn spielen durfte, hatte er ein halbes Jahr lang Dienst in Potsdam zu leisten, in der 6. Kompanie des Ersten Garderegiments zu Fuß, bei dem schon sein Vater gedient hatte. Einem Hohenzollern blieb es zwar erspart, seine militärische Karriere ganz unten anzufangen, aber auch er hatte sich geflissentlich einer Grundausbildung zu unterziehen. Er musste lernen, die Uniform als „Ehrenkleid“ zu pflegen und die Waffe „wie eine Braut“ zu behandeln. Durch Exerzieren erhielt er den Schliff, der zur Einfügung in Reih und Glied notwendig war. Bei der Parade lernte er die *„Einordnung des Einzelwillens in und unter einen die Gesamtheit repräsentierenden höheren Willen."* Eine Erfahrung, die er sehr zu schätzen vermeinte.

Als Wilhelm von Bonn nach Potsdam heimgekehrt war, wurden ihm Rekruten anvertraut. Es bereitete ihm *„eine hohe Freude, dies unverbildete Menschenmaterial im Laufe der Ausbildungszeit Form zu Schliff gewinnen zu sehen"*. Eine angemessene Beschäftigung für einen preußischen Prinzen und künftigen Monarchen. Als er für seine Leistungen belobigt wurde, war ihm zum ersten Mal voll und ganz bewusst, *„was es heißt, stolz auf die eigene Leistung zu sein."*

An des Kaisers 83. Geburtstag wurde der 21-jährige Enkel zum Hauptmann befördert. Schnellstens besorgte er sich die Sterne für die Epauletten und bewunderte sich in ihrem Glanze wie ein Narziss. Der Zauber der Montur wirkte auf ihn sein Leben lang. Nie konnte er genug von immer neuen Attributen zum bunten Rock bekommen. Neun Jahre nach dem Tode Wilhelm I. ernannte er sich posthum zu dessen Generaladjutanten, um das gekrönte „W" auf den Schulterstücken tragen zu können, was ihm bisher zu seinem Uniformglück gefehlt hatte.

Bereits als Prinz konnte er Rangabzeichen an Rangabzeichen hinzugewinnen, von Kommando zu Kommando aufsteigen. 1880 wurde er Kompaniechef, 1881 Major à suite des Ersten Garderegiments zu Fuß, anschließend wurde er zu den Gardehusaren und zu den Gardefeldartilleristen abkommandiert. 1883 übernahm er im Ersten Garderegiment zu Fuß die Führung des I. Bataillons. Während des Kaisermanövers 1885 wurde er zum Oberst befördert und zum Kommandeur des Garde-Husarenregiments ernannt.

Eine solche Blitzkarriere hätte auch einen gefestigteren Charakter ins Wanken gebracht. Der eher labile Wilhelm geriet darüber ins Schleudern. Der ständige Umgang mit Untergebenen, die vor ihm stramm standen, und mit Vorgesetzten, die wussten, dass sie bald vor ihm stramm stehen müssten, erwies sich als nachteilig für den Charakter des künftigen Monarchen. Diesen Umstand wusste auch seine englische Großmutter Victoria gezielt zu kritisieren.

Dabei hätte Wilhelm in Potsdam, dem Nabel der altpreußischen Welt, auch wirkliche Tugenden vermittelt bekommen können. Die Mühle von Sanssouci gemahnte an die Gerechtigkeit, die erste Monarchenpflicht. Die Garnisonskirche gab mit ihrem klaren Grundriss und schlichten Aufbau ein Beispiel für Maßhalten. Bei Wilhelm bewirkte es das Gegenteil, er verstand die Bescheidenheit als Aufforderung zur luxuriösen Ausschmückung: Als Kaiser ließ er im Inneren der Kirche Gold auftragen. Aus dem „Üb immer Treu` und Redlichkeit“ der Glockenspiel-Melodie der Kirche hörte er nur die Aufforderung an die Untertanen heraus, für das Hohenzollernreich ihre Schuldigkeit zu tun.

Hinzpeters Schüler neigte dazu, Sittlichkeit auf Puritanismus zu verkürzen. Der Oberst verbot seinen Offizieren die Mitgliedschaft im „Unions-Klub“, in dem flott und hoch gespielt wurde. Er bekam darüber Schwierigkeiten mit höheren Stellen, die wohl der Meinung waren, dass man adeligen Gardeoffizieren, deren Dienste man in Anspruch nahm, einen standesgemäßen Auslauf zu gestatten habe.

„Mein Kampf gegen das Laster“, schrieb er seiner deutschen Großmutter Augusta, *„gegen die Schwelgerei, das Spiel, Wetten usw. bei unserer Jugend ist von einzelnen hochstehenden, bei Großpapa einflussreichen Herren mißgünstig be-*

leuchtet, ja sogar falsch gedeutet worden.“ Er wandte sich an die Großmama, in der Erwartung, dass sich die sittenstrenge alte Dame seines Anliegens annehmen werde, *„ein altpreußisches, echt christlich deutsches Offizierskorps heranzubilden.*“ Großpapa Wilhelm wollte aber weder an alten Sitten noch an alten Unsitten rütteln. So musste der Enkel warten bis er selbst Oberster Kriegsherr geworden war. Einer seiner ersten Befehle verbot dann tatsächlich generell den Offizieren die Teilnahme an *„Spiel- und Luxusklubs*“.

Hochzeit in Berlin

Sein Regiment sei seine Familie, behauptete Wilhelm immer wieder gerne. Aber auf die Dauer konnte ihm dieser Ersatz nicht genügen. So dachte er schon früh daran, eine eigene Familie zu gründen, in der er das Oberhaupt war, von einer Frau umsorgt, die ihn verstand und ihm verzieh. Von Kindern umgeben, die er anders zu behandeln gedachte, als er es selber hatte erleben müssen.

Die Frau, die er schließlich heiratete, hatte er in der englischen Verwandtschaft kennen gelernt. Auguste Viktoria von Schleswig-Holstein-Sonderburg-Augustenburg, genannt Dona, war mütterlicherseits die Enkelin einer Halbschwester der Königin Victoria und die Nichte des Prinzen Christian von Schleswig-Holstein-Sonderburg-Augustenburg, der mit der dritten Tochter der Queen, Helena, verheiratet war.

Als Kind hatte Wilhelm einst mit der um ein Vierteljahr älteren Dona im thüringischen Reinhardsbrunn, einem beliebten Treffpunkt des englisch-coburgschen Clans, gespielt. Ihre Eltern hatten die seinen oft besucht, denn sie waren nicht nur durch familiäre, sondern auch politische Beziehungen verbunden. Sie huldigten einem maßvollen Liberalismus, den

Prinzgemahl Albert in England schätzen gelernt hatte. Gerne hätte er diese Haltung auch in Preußen gelebt gesehen, in dem Land in das er seine Tochter verheiratet hatte.

Wilhelms Vater hatte einst mit Donas Vater, dem Erbprinzen Friedrich von Schleswig-Holstein-Sonderburg-Augustenburg, in Bonn studiert. Wilhelms Eltern waren also über diese Verbindung ihres Ältesten hoch erfreut. Und dem Prinzen gefiel das Mädchen, das nicht unansehnlich war und als Frau und Mutter ihre Pflicht und Schuldigkeit zu tun versprach. Am 14. Februar 1880 fand die Verlobung, am 27. Februar 1881 die Hochzeit statt.

Wilhelm notierte später über das Ereignis: *„Ich war damals als Hauptmann zur Leibkompanie kommandiert; es ist daher angebracht, des bedeutungsvollen Ereignisses vornehmlich unter diesem Gesichtspunkt zu gedenken."* Wilhelm weiter: *„Am Tage vor meiner Hochzeit durfte ich die Kompanie durch das Brandenburger Tor die Linden entlang nach dem Schloß führen."* Hier wurde die Braut vom Vater des Bräutigams empfangen, der sie vor die Front der Grenadiere Wilhelms geleitete, *„die wie die Bildsäulen unter präsentiertem Gewehr standen"*, und sie ihnen *„als ihre künftige Kompaniemutter"* vorstellte.

Eigentlich hatte Wilhelm Elisabeth, die Prinzessin von Hessen und bei Rhein, genannt Ella, verehrt. Der Bonner Student war gerne zu seinen Verwandten nach Darmstadt gefahren. Großherzogin Alice, die zweite Tochter Queen Victorias und Schwester der preußischen Kronprinzessin Victoria, schien ihn besser zu verstehen als seine eigene Mutter.

Ihre Tochter Ella war die erste, große und einseitige Liebe des Prinzen. Aber seine Liebe wurde, obwohl er die um fünf

Jahre Jüngere anhaltend anhimmelte und ihr romantische Verse widmete, nicht erwidert. Ella heiratete den russischen Großfürsten Sergius. Aber eine Fotografie von ihr hatte sein Leben lang ihren festen Platz auf seinem Schreibtisch. Das Bild erinnerte ihn an ihr glückliches Leben, aber auch ihr schreckliches Ende in Russland. Die Großfürstin wurde 1918 von den Bolschewisten in Jekaterinburg ermordet, gleich nach ihrer Schwester Alix, der Gemahlin des Zaren Nikolaus.

Wilhelm zog mit Auguste Victoria nach Potsdam. Zuerst ins Stadtschloss, das der große Kurfürst gebaut hatte, dann ins Marmorpalais, dessen Name allerdings mehr versprach, als es hielt; denn das Interieur war ziemlich heruntergekommen. Dem Prinzen, der damals seine spartanische Phase hatte, schien das nichts auszumachen. Er störte sich nicht an den unbequemen Stühlen und der einfachen Zinkbadewanne. Dona, die sich ihr Leben komfortabler vorgestellt hatte, hüllte sich in Wolken von Parfüm. Mit ihrer Hilfe suchte sie dem Geruch von Moder und Stiefelwichse zu entkommen. Stets war sie bemüht, mit pompösen Roben und federbestückten Hüten Kontrapunkte zu den sie umgebenden Uniformen und Helmen zu setzen.

Das Ehepaar stellte bald fest, dass auch Gegensätze, über eine gegenseitige Anziehung hinaus, zu einer gegenseitigen Befriedigung zu führen vermögen. Der weniger aus schöpferischer Vitalität als aus seelischer Dissonanz umtriebige Mann und die mehr aus Mangel an Interesse und Initiative als aus Ausgeglichenheit in sich ruhende Frau begannen sich trefflich zu ergänzen. Dona blickte zu ihrem Gatten auf, der ihr alles abnahm und entschied, womit sie sich nicht abgeben wollte. Und Wilhelm empfand Genugtuung, dass sie den Eheherren frei schalten und walten ließ.

Die frühe Hochzeit – Wilhelm hatte bereits mit 22 Jahren geheiratet – erwies sich auch eher als Vorteil. In der Ehe fand der unstete Wilhelm den Ruheort, an den er sich in stürmischen Zeiten immer wieder flüchten konnte. Dona wiederum erfüllte ihre Rolle, dem Herrscher gesunden Nachwuchs zu schenken, voll und ganz: Sie gebar Wilhelm sechs Söhne und eine Tochter.

Emanzipierte Geschlechtsgenossinnen allerdings hatten einiges an Dona auszusetzen. Sie lese keine Zeitung, bemerkte spitz Prinzessin Radziwill, und sie beschäftige sich mit nichts, was über ihren häuslichen Kreis hinaus gehe. Die Fürstin von Pless fand sie ganz nett, aber reichlich dumm: Dona sei wie eine sanfte Kuh, die sich damit zufrieden gebe, Gras zu fressen, wiederzukäuen und Kälbchen in die Welt zu setzen, lästerte sie. Deutsche Frauen, die ihren Wirkungskreis auf Küche, Kirche, Kinder beschränkt haben wollten, begannen dagegen die Prinzessin und spätere Kaiserin als Vorbild zu verehren.

Der Kronprinz wird krank

Wilhelm I. vollendete am 22. März 1887 sein 90. Lebensjahr. Dem damals ältesten europäischen Monarchen gratulierten in Berlin 85 Fürsten in Person, und auch das Volk feierte ausgiebig seinen Kaiser und König. 16 Jahre waren seit der Proklamation in Versailles vergangen. Der Kronprinz Friedrich Wilhelm war mit seinen 55 Jahren in einem Alter, in dem andere Thronerben längst das Zepter schwangen. Er und seine Gemahlin Victoria litten unter dieser Situation. Sie hatten doch so viele Pläne, wie das Reich zu liberalisieren wäre.

Wilhelm I. hielt dem immer entgegen, er könne schließlich nicht Hand an sich legen, um den Thron für Friedrich Wilhelm freizumachen. Der Enkel neigte dazu, sich der Meinung des mächtigen Reichskanzlers Bismarck anzuschließen, der öffentlich sagte: *„Wenn es der Herrgott mit Deutschland gut meint, dann lässt er den Kronprinzen nie zur Regierung kommen."*

Und das Schicksal schien es gut mit dem 29-jährigen zu meinen. *„Im Januar 1887 machte sich bei meinem Vater andauernde Heiserkeit störend bemerkbar"*, berichtete Wilhelm. *„Anfang März übernahm der Geheime Medizinalrat Professor Gerhardt in Berlin die Behandlung der Krankheit, die er als eine polypöse Verdickung des Stimmbandrandes diagnostizierte."* Der als Kehlkopfspezialist geltende Internist versuchte die Geschwulst mit einem Ringmesser abzutragen und mit einem glühenden Platindraht wegzubrennen.

Als dieser Eingriff nicht gelang, wandte sich Professor Gerhardt an seinen Kollegen Ernst von Bergmann. Der renommierte Berliner Chirurg und preußische Generalarzt diagnostizierte Krebs, empfahl die Spaltung des Kehlkopfs und eine Entfernung der Geschwulst. Bei dieser Operation wäre ein tödlicher Ausgang, zumindest der Verlust der Stimme, nicht auszuschließen, erfuhr Wilhelm, als er sich bei Bergmann erkundigte. *„Das muß man sofort dem Offizierskorps mitteilen"*, befand der Prinz. Er hielt es für angebracht, der Elite der Nation zu bedeuten, dass sie sich nicht mehr auf den Vater, sondern auf den Sohn auszurichten habe.

Die eigentlich für den 21. Mai 1887 vorgesehene Operation fand jedoch nie statt. Europas führender Kehlkopfspezialist, der Engländer Morell Mackenzie, der für die Behandlung hinzugezogen worden war, hatte sich mit seinem Einwand durchgesetzt: Bevor man eine solche Operation wage, müsse ein Beweis vorliegen, dass es sich um Krebs handele, und dieser könne nur durch eine pathologische Untersuchung erbracht werden. Der darauf eingeschaltete Berliner Professor Rudolf Virchow, die Autorität der Pathologie, vermochte diesen Beweis aber nicht zu liefern.

Der Patient, der – wie sich schließlich herausstellte – tatsächlich Krebs hatte, siechte dahin, während die Ärzte sich nicht einigen konnten, ob und wie operiert werden sollte. Aus dem Streit unter Ärzten wurde ein Zank zwischen Nationen. Alte Vorurteile wurden wieder gepflegt: Das Eingreifen Mackenzies, die Absage der von deutschen Medizinern für dringend notwendig gehaltenen und rechtzeitig angesetzten Operation sei *„von den verhängnisvollsten Folgen"* gewesen, behauptete Wilhelm. Er beschuldigte den Engländer, seine Diagnose nicht *„in gutem Glauben"* gestellt zu haben, er habe deshalb nicht auf Krebs erkannt, *„damit der arme Kronprinz nicht für regierungsunfähig erklärt würde."*

Wilhelm lag mit dieser Einschätzung wohl nicht ganz falsch. Seine eigene, englische Mutter wollte den englandfreundlichen Vater in jedem Fall regierungsfähig halten. Sie spürte, dass es nicht mehr lange dauern konnte, bis sie und ihr Gatte doch noch zur Herrschaft gelangen würden. Während der Vater vergeblich Heilung, zumindest Linderung, suchte, begann der Sohn seine eigene Regierungsfähigkeit zu demonstrieren, Regentenpflichten auszuüben und Regentenrechte zu genießen.

Im Juni 1887 nahm Wilhelm an der Seite des Großvaters in Kiel an der Grundlegung zum Kaiser-Wilhelm-Kanal teil. *„Am Schluss der Feier schiffte der Kaiser sich mit uns und seinem Gefolge an Bord der ‚Pommerania' ein. Von der Torpedobootsdivision meines Bruders – des Prinzen Heinrich – geleitet, dampfte sie langsam die im Hafen vor Anker liegen-*

den Schiffe entlang, die über die Toppen geflaggt hatten", berichtete er. *„Die Hurras der Mannschaften wurden an Land von dem zahlreich versammelten Publikum stürmisch aufgenommen. Alles befand sich in gehobener Stimmung."*

Die gute Stimmung Wilhelms wurde noch gesteigert, als ihn der Kaiser zum 50. Regierungsjubiläum der Königin Victoria, seiner Großmutter, mit einer Torpedoboot-Flottille schikkte. Es war das erste Mal, dass eine deutsche Torpedobootsdivision in geschlossenem Verband die Nordsee überquerte. Und das erste Mal, dass Wilhelm aller Welt zeigen durfte, dass ein nicht nur seetüchtiger, sondern auch herrschaftstauglicher Prinz als König und Kaiser zur Verfügung stand.

Wilhelms Mutter war schockiert. Sie war davon ausgegangen, dass ihr Mann und sie mit der Familienbeziehung ein deutsch-englisches Einvernehmen demonstrieren sollten. *„Ich finde es nicht sehr schön von Wilhelm, sich in den Vordergrund rücken zu lassen."*, schrieb die Kronprinzessin der Queen. *„Aber er hat ein ausgezeichnet arbeitendes System, sich nur dem Kaiser allein verantwortlich zu betrachten, um mit ihm alles zu besprechen, als ob wir überhaupt nicht auf der Welt wären."* Die Jubilarin, Queen Victoria, war über Wilhelms säbelrasselndes Erscheinen überhaupt nicht entzückt und sorgte dafür, dass er zur Strafe beim Bankett nach dem großen Hofball an der Seite der Schwester des Königs Kalakaua von Hawaii gesetzt wurde.

Der Prinz greift nach dem Thron

Kronprinz Friedrich Wilhelm näherte sich unaufhaltsam dem Grabe. Im Oktober 1887 reiste der Patient mit Frau und Gefolge nach Baveno am Lago Maggiore, wo er seinen 56. Geburtstag beging. Den letzten, wie sich heraus stellen sollte. Trotz des milden Klimas begann sich jetzt die Heiserkeit zur Stimmlosigkeit zu steigern. Der herbei geeilte Dr. Mackenzie entdekkte am 6. November im Kehlkopf Friedrich Wilhelms eine bösartige Geschwulst. Nun schloss auch der Engländer Krebs nicht mehr aus. Telegraphisch wurden aus Berlin weitere Kehlkopfspezialisten angefordert. *„Das ist ein harter Schlag, den die Vorsehung aussendet"*, klagte der uralte Kaiser.

Der alte Kaiser schickte seinen Enkel aus, um nach dem Rechten zu sehen. Seine Mutter war über seine Ankunft alles andere als erfreut. Zunächst wollte sie ihm die Tür nicht öffnen. *„Unten an der Treppe stehend, mußte ich ihre Vorhaltungen über mich ergehen lassen und ihre entschiedene Weigerung vernehmen, mich zum Vater zu lassen"*, erinnerte sich der Sohn. Er aber pochte energisch auf den Befehl des Kaisers. Oben an der Treppe indes erschien Friedrich Wilhelm, arglos wie immer, und machte der Szene ein Ende. Wilhelm umarmte den Vater und zitierte dann alle behandelnden Ärzte in sein Hotel „Victoria".

Der Prinz forderte sie der Reihe nach auf, ihr Urteil abzugeben. Es lautete einstimmig: Krebs des Kehlkopfes. *„Da muß Ich wohl nun mein Haus bestellen"*, antwortete der Patient schriftlich. Sein Sohn und Erbe redigierte das Kommuniqué der Ärzte mit, das als Verschlusssache behandelt werden sollte. Doch wenige Tage nach Wilhelms Rückkehr nach Berlin, am 15. November, wurde es im „Reichsanzeiger" veröffentlicht. Der Verdacht war nicht unbegründet, dass hinter der Indiskretion derjenige steckte, dem am Ausposaunen dieser Hiobsbotschaft am meisten lag: Prinz Wilhelm. Die Reaktion blieb nicht aus.

Am 17. November 1887 erging von Wilhelm I. – und von Bismarck gegengezeichnet – die Order, das Prinz Wilhelm als Stellvertreter des Kaisers und Königs eingesetzt sei. Als der Kronprinz von seiner Zurücksetzung erfuhr, beschwerte er sich schriftlich bei Wilhelm I.. Der Kaiser antwortete gnädig: Der Prinz habe nur eine begrenzte Unterschriftsvollmacht erhalten. Bismarck, der alte Fuchs, redete sich heraus: Die Stellvertretung laufe nur darauf hinaus, dem Monarchen in Krankheitsfällen *„geschäftsfreie Tage"* zu verschaffen.

Das Jahr 1888, welches das Dreikaiserjahr werden sollte, begann für das Reich mit einer Demonstration seiner Stärke und für Wilhelm mit der Gewissheit, dass sich ihm das Tor zur Macht schon bald öffnen würde. Am 22. Februar stand er neben dem fast 91-jährigen Großvater am Eckfenster des Palais unter den Linden, nahm mit ihm die Wachparade ab und ließ sich von den Passanten feiern. Vier seiner kleinen Söhne hatte er mitgebracht, um Soldaten wie Zivilisten zu zeigen, dass die Fortdauer der Hohenzollerndynastie gesichert war – auch wenn mit dem Ableben von Wilhelm I., dem Kaiser und König, schon bald gerechnet werden musste und ebenso die Tage Friedrich Wilhelms, des Kronprinzen, gezählt waren.

Dann überstürzten sich die Hiobsbotschaften aus San Remo, wohin sich der todkranke Kronprinz und seine Frau Victoria inzwischen zurückgezogen hatten. Am 17. Januar hatte der Patient unter unsäglichen Schmerzen Gewebestücke ausgehustet. Die Schwellungen im Kehlkopf wurden größer und gefährlicher. Als Erstickungsgefahr bestand, wurde ein Luftröhrenschnitt vorgenommen. Die physische Erleichterung war mit einer schweren psychischen Belastung verbunden: Der Kronprinz wusste nun, dass er fortan nur noch durch eine Kanüle atmen werde und nie mehr sprechen können.

„Ich habe ihn nie so krank gesehen", klagte die Kronprinzessin am 28. Februar, *„das bringt mich zur Verzweiflung"*. Sie

wurde noch verzagter, als am 2. März der Sohn an die Tür der Villa Zirio klopfte – im Auftrage des Kaisers. Der Vater schrieb ihm auf einen Zettel, er wäre ihm willkommen, möge sich aber nicht in seine Angelegenheiten mischen. Generalarzt Bergmann, der entsandt worden war, um den von Wilhelm als *„Judenlümmel"*, *„Halunken"* und *„Satansknochen"* bezeichneten englischen Ärzten auf die Finger zu sehen, eröffnete ihm in einem vertraulichen Gespräch, dass der Kronprinz höchstens noch sechs Monate zu leben habe.

Mit gemischten Gefühlen kehrte Wilhelm nach Berlin zurück. Er hatte Mitleid mit dem Vater, hegte aber verstärkte Hassgefühle gegen seine Mutter. Ihn schauderte vor der Majestät des Todes, der er ins Auge geblickt hatte, aber er hatte registrierte, dass der Sensenmann dabei war, ihm den Weg zum Thron zu ebnen. Den Auftrag des Kaisers, den Kronprinzen nach Berlin zurück zu geleiten, hatte er nicht erfüllt. Die Eltern hatten sich geweigert, mit ihm zu kommen. Sie wären an das Sterbebett Wilhelms I. gekommen.

Seit dem 3. März kränkelte der Monarch, am 8. März verschlechterte sich sein Zustand drastisch, und am 9. März 1888 verschied der Kaiser. So wurde dem Enkel und nicht dem Sohn die Auszeichnung zuteil, die letzten Worte des Dahinscheidenden zu vernehmen und als Vermächtnis zu überliefern. Der sterbende Kaiser sprach in erster Linie von der Armee, mit der er gekämpft und gesiegt hatte, und die es in preußischer Tradition zu bewahren galt.

Die Parole *„Der König ist tot, es lebe der König!"* galt noch nicht ihm, sondern erst einmal dem Vater. Aber Wilhelm wusste, dass seine Zeit schon sehr bald kommen würde. Der Kurzzeit-Monarch, der sein Krankenlager nun von San Remo nach Berlin verlegen musste, wurde nicht nur vom Wetter kühl empfangen. Bei Schneesturm kam Friedrich III. am 11. März, kurz vor Mitternacht, am Bahnhof Westend an. Bismarck, den er im Amt als Reichskanzler und preußischer Ministerpräsident bestätigte, war ihm bis Leipzig entgegen gefahren. Wilhelm, nunmehr preußischer und deutscher Kronprinz, stand zum Empfang bereit. Er küsste Friedrich III. die Hand; Victoria, nun Kaiserin und Königin, wandte sich demonstrativ von ihrem Sohne ab.

Einen Trauerflor am Helm, marschierte Wilhelm an der Spitze der Trauergäste, die am 16. März 1888 Wilhelm I. zur letzten Ruhe im Mausoleum im Charlottenburger Schlosspark geleiteten. Er nahm es als Fingerzeig des Schicksals, dass er schon jetzt als Erster auftreten durfte. Friedrich III. konnte dem Leichenbegängnis nur vom Mittelfenster des Kuppelsaales des Charlottenburger Schlosses beiwohnen. Bismarck hatte sich wegen Unwohlseins entschuldigt.

Es kam, wie die Ärzte es prophezeit hatten. Friedrich III. starb schon bald nach seiner Inthronisation, am 15. Juni 1888. In den 99 Tagen seines Interregnums hatte er nichts bewegen können, was Deutschland einem Liberalismus oder einer Demokratie näher gebracht hätte, wie er es vor gehabt hatte. Sein Sohn und Nachfolger konnte dort weitermachen, wo Wilhelm I. aufgehört hatte. Wilhelm II. wollte weiter marschieren, auf der alten monarchischen und militärischen Bahn, doch weit über die Ziele hinaus, die Bismarck dem in der Mitte Europas platzierten Reich in staatsmännischer Beschränkung gesetzt hatte.

Wilhelm ist am Ziel

Die Ouvertüre, mit der Wilhelm II., der neue König von Preußen und Deutsche Kaiser, seine Herrschaft eröffnete, ließ ahnen, was Deutschland und die Welt von ihm zu erwarten hatten. Den ersten Schlag führte er gegen das Andenken des Vaters und das Vermächtnis des Vorgängers. Kaum war die Standarte auf dem Sterbehaus, dem Neuen Palais in Potsdam, auf Halbmast gesunken, wurde das Haus auf seinen Befehl durch Militär abgeriegelt. Die Räume des Vaters, der eben die Augen für immer geschlossen hatte, und dessen trauernder Witwe wurden penibel durchsucht.

Seine Mutter vermutete, Wilhelm wolle einer liberalen Verschwörung auf die Spur kommen. Auf alle Fälle hatte man gehofft, verfängliche Papiere Friedrich III. zu finden, die aus Sicht des Sohnes unter Verschluss genommen werden sollten. Solche Papiere existierten tatsächlich, aber sie waren von den Eltern im Schloss Windsor in England deponiert worden. Es waren die Tagebücher aus den Jahren 1870 und 1871, in die Kronprinz Friedrich Wilhelm freisinnige und englandfreundliche, von der damaligen wie späteren, offiziellen Politik abweichende Überlegungen notiert hatte.

Und Wilhelms Aktionismus ging zum Entsetzen seiner Familie noch weiter. Entgegen der Verfügung des Vaters und gegen den Einspruch der Mutter ordnete er die Obduktion des Verblichenen an. Er wollte den offiziellen Beweis erhalten, dass der Vater an Kehlkopfkrebs gestorben war, um die Beschuldigung erheben zu können, dass der 99-Tage-Kaiser vom Engländer Mackenzie falsch behandelt worden war. *„Ein englischer Doktor tötete meinen Vater und ein ebensolcher verkrüppelte meinen Arm, und das verdanken wir meiner Mutter, die keine Deutschen um sich haben wollte“*. So tönte Wilhelm damals, wie die Kaiserinwitwe Victoria der Königin Victoria berichtete.

Mutter und Tochter sahen sich in ihrer Befürchtung bestätigt, dass der junge deutsche Kaiser aus persönlichem Affekt heraus künftig eine politische Aversion gegen England und alles Englische, einschließlich Liberalismus und Parlamentarismus, pflegen würde.

Der Prinz of Wales, Wilhelms Onkel Bertie, bekam davon schon zu spüren, als er am Begräbnis Friedrichs III. teilnahm. Es fand in Potsdam statt, unter Ausschluss der Öffentlichkeit. Onkel Bertie bemängelte den wenig würdigen Rahmen, wie er einem Schwiegersohn der Queen eigentlich angemessen gewesen wäre, er vermisste echte Trauerbezeugungen, wie sie der so tragisch verstorbene Kaiser verdient hätte. Er registrierte die Klagen der Witwe, seiner Schwester, die sich über die lieblose Behandlung durch den eigenen Sohn ausweinte. Der kehrte das Militärische am Preußentum hervor und sprang mit ihr wie mit einer Befehlsempfängerin um. Das Benehmen der Deutschen seiner Schwester gegenüber sei eine Schmach für eine zivilisierte Nation, so äußerte sich damals der Prinz of Wales offen, der das Herz auf der Zunge trug.

In seinem ersten Tagesbefehl an die preußischen Soldaten, die auf ihn eingeschworen werden sollten, adressierte Wilhelm das Militär als Hauptstütze des preußischen Königs wie des Deutschen Kaisers: *„So gehören wir zusammen – Ich und die Armee – so sind wir füreinander geboren, und so wollen wir unauflöslich zusammenhalten, möge nach Gottes Willen Friede oder Sturm sein.“* Da er einst seinen siegreichen Vorfahren *„Rechenschaft über den Ruhm und die Ehre der Armee abzulegen haben werde“*, nahm er sich vor, die Truppe als den ersten Stand und den Soldaten als den ersten Mann im Staate zu behandeln.

Zu Wilhelms erster und liebster Amtshandlung gehörte die Teilnahme – nun als oberster Kriegsherr – an den Manövern des 5. Armee-Korps in Posen und des Garde-Korps bei Müncheberg sowie an Flottenmanövern bei Wilhelmshaven. Das Heer erfüllte seine Erwartungen, die Marine jedoch nicht. Sie galt es gewaltig zu verstärken, bevor sie – wovon er stets träumte – der Seemacht England Paroli bieten könne.

Wie der neue Kaiser künftig mit den Abgeordneten verfahren wollte, demonstrierte er auch sehr eindrucksvoll. Die Volksvertreter waren in das Berliner Schloss befohlen worden, in dem Wilhelm II. seine Hauptresidenz aufgeschlagen hatte. Wilhelm I. hatte sich noch mit dem schlichten Palais Unter den Linden begnügt. Im Weißen Saal stand der neue König und Kaiser erhöht vor seinem Thron, angetan mit Kleidern, die die Macht des Hauses Hohenzollern demonstrieren sollten: Der rote Mantel mit dem Kreuz der Johanniter, der Helm der Gardes du Corps, auf dem der Preußenadler prangte und drohte.

Unter dem Monarchen stand Reichskanzler Otto von Bismarck, der dafür gesorgt hatte, dass die deutsche Volksvertretung zwar demokratisch gewählt war, aber letztlich nichts zu sagen hatte. Schon im äußeren Bild der Eröffnungsfeier überwogen die Uniformen die Zivilgewänder. Die Konservativen, die vornehmlich den Adel und dessen Anhang vertraten, scharten sich um den König, die Nationalliberalen um den Kaiser, und die Linksliberalen waren zwar zum Monarchenstaat, nicht aber zum Nationalstaat auf Distanz gegangen: Die Zentrumspartei war auf dem Weg nach rechts und die Sozialdemokraten, der Verfolgung ausgesetzt, fielen noch wenig ins Gewicht.

Weit einflussreicher als der Reichstag war der Bundesrat, dessen Vertreter, die deutschen Bundesfürsten, sich ebenfalls im Weißen Saal versammelt hatten. Das martialische

Auftreten des neuen Regenten machte deutlich, dass sich Wilhelm als Kaiser von Gottes Gnaden fühlte. Entsprechend trug er sich bald danach in das Gedenkbuch der bayerischen Hauptstadt München ein: *„Suprema lex regis voluntas – Das oberste Gesetz ist des Königs Wille."* So schrieb er – so dachte er und so handelte er.

Der Reisekaiser

Bald wurde Wilhelm nur noch der „Reisekaiser" genannt, stets war er unterwegs, und nicht immer in politischer Mission. Der Kaiser, auch gerne „Fliegender Hohenzoller" genannt, versuchte seiner Ruhelosigkeit eine positive Deutung zu geben: *„Wer jemals einsam auf hoher See auf der Schiffbrücke stehend, nur Gottes Sternenhimmel über sich, Einkehr in sich selbst gehalten hat, der wird den Wert einer solchen Fahrt nicht verkennen"*. So erklärte Wilhelm II. seine Reisemanie den Deutschen, die sich fragten, ob ein neuzeitlicher Kaiser, der nicht wie ein mittelalterlicher Kaiser gezwungen war, seine Regierungstätigkeit ambulant auszuüben, nicht besser und länger in seiner Reichshauptstadt geblieben wäre. *„Manchem von Meinen Landsleuten möchte ich wünschen, solche Stunden zu erleben, in denen der Mensch sich Rechenschaft ablegen kann über das, was er erstrebt und was er geleistet hat. Da kann man geheilt werden von Selbstüberschätzungen und das tut uns allen not."*

Das dauernde Unterwegssein unterband auf alle Fälle alle innere Reflexion und jeden Ansatz zur Selbsterkenntnis des Monarchen. Am liebsten fuhr Wilhelm in den hohen Norden, zum ersten Mal im Sommer 1889. Von da an feierte in Bürgerstuben wie am Kaiserhofe alles Germanische fröhliche Urstände. Der Deutsche Kaiser fühlte sich wie Wotan in Walhall, als oberster Germanengott, der über Menschen und Götter regierte. Viele Deutsche entdeckten in der Folge wieder die nordischen Sagen für sich. Das persönliche Erleben der nordischen Landschaft war nur wenigen vergönnt, dafür aber dem obersten Monarchen, der bis zum Nordkap kam. Aus der Ferne sei auf das Vaterland klarere Sicht zu gewinnen, behauptete der Reisekaiser.

Im Frühjahr 1890 prägte er dieses Bonmot, als er die ersten großen, offiziellen Staatsvisiten hinter sich hatte. Diese Besuche verschafften ihm leider keine tiefer greifenden Einsichten in die politischen Realitäten in Europa, dafür gab er sich zu gerne der eigenen Nabelschau hin. Aber sie öffneten den Besuchten und Heimgesuchten die Augen, mit wem sie es nun zu tun hatten. Kaum hatte er sich auf dem Thron niedergelassen, zog es ihn im Juli 1888 nach Sankt Petersburg. Er hatte scheinbar nichts Eiligeres zu tun, als des Großvaters pro-russische Tradition fortzusetzen und Bismarcks vertragliche Rückversicherung durch eine persönliche Rükkversicherung zu verfestigen.

Doch die plumpen Vertraulichkeiten, die er sich gegenüber den mit ihm den verwandten Romanows erlaubte, verfingen bei Zar Alexander III. nicht. Und sein sporenklirrendes Auftreten, von dem er nicht lassen konnte, war eher geeignet, den Verdacht zu erhärten, er sei ein Anhänger der Präventivkriegsidee, als solche Sorgen zu zerstreuen. Vergeblich hatte Queen Victoria erwartet, der Enkel würde die Zeit der Hoftrauer um Friedrich III. zu Hause verbringen. Sie hatte auch gehofft, dass er, wenn es ihn schon ins Ausland dränge, schon aus Pietät gegenüber seinem verstorbenen Vater zunächst England besuche. Wilhelm II. jedoch ließ wissen: Er habe das Vermächtnis seines Großvaters zu erfüllen, der ihm auf dem Sterbebett primär die Pflege der Beziehungen zu Russland anbefohlen habe.

Erst im August 1889 reiste er dann – von Bismarck eingefädelt – doch nach England zur Großmutter. Die verlieh ihm den Ehrenrang eines Admirals of the Fleet. Der Gedanke, dieselbe Uniform wie Lord Nelson, des britischen Seehelden zu tragen, *„genügt, um einen ganz schwindlig zu machen"*, notierte der Deutsche Kaiser. Er hatte es mit den Uniformen, das steht fest.

Unheilbare Uniform-Sucht

Noch im selben Jahre reiste Wilhelm II. nach Konstantinopel und verärgerte damit gleichzeitig Russland und England, die beide vitale Interessen am Bosporus hatten. Der Herrscher aus dem Abendland verteilte goldene Uhren und mit Diamanten besetzte Orden in der Art eines Missionars, der Silberpapier und Glasperlen an Heidenkinder verschenkt. Und er gründete dort auch gleich eine Militärmission, um am Bosporus preußisch-deutsche Präsenz zu demonstrieren. Otto von Bismarck hatte für Deutschland im Orient keinerlei Engagement vorgesehen, welches auch nur *„die gesunden Knochen eines einzigen pommerschen Musketiers wert wäre."* Doch Wilhelm war nicht von seiner *„Türkenpolitik"* abzubringen. Sah er sich doch in der Tradition des mittelalterlichen Reiches, das von ihm als ein nationales deutsches Imperium angesehen wurde.

Auch aus diesem übergroßen Anspruch rührte seine so enge Affinität zum bunten Uniform-Rock. Der Kaiser höchstpersönlich war eine Art „Dressman" für jedwede Art von militärischer Montur, je prachtvoller, desto besser. Am liebsten trug er die Paradeuniform der Gardes du Corps, den Kürass aus schwarz-lackiertem Eisenblech und den Helm, der ihm Schwanenritterhaftes verlieh. Auch die Paradetracht seines Leib-Garde-Husarenregiments, die verschnürte Attila und den weißen Pelz, zog er gerne an. Es gab ihm etwas Chevaleskes und Draufgängerisches, meinte er. Für jede Stimmung und für jeden Anlass fand er die passende Uniform in seinem riesigen Fundus.

Als Oberster Kriegsherr hatte Wilhelm das Recht, die typische Kleidung jedes Truppenteiles zu tragen. Davon machte er bei Inspektionen und Paraden ausgiebig Gebrauch. Auch ausländische Uniformen besaß er massenhaft, um Ausländern in deren Montur gegenüber treten zu können. In der britischen Botschaft erschien er so unverblümt in englischer Admiralsuniform.

Wilhelm fühlte sich sogar zum allerhöchsten Militärschneider berufen. Er entwarf und korrigierte Uniformmodelle. 1904 hatte er, wie der Hofmarschall seufzte, die 37. Uniformänderung seit der Thronbesteigung hinter sich. Er führte friderizianische Elemente wie die Grenadiermütze oder den Ringkragen wieder ein. Und wie ein preußischer Feldwebel achtete er auf die Vorschriftsmäßigkeit des Anzuges, selbst bei fremden Monarchen, die sich aus Höflichkeit in den bunten Rock ihres Gastgebers geworfen hatten. König Alfons XIII. von Spanien wurde beispielsweise auf der Hofjacht „Hohenzollern“ erst einmal unter Deck geschickt, um sich richtig zu adjustieren, bevor er empfangen wurde.

Ein Zivilist galt dagegen nichts im Hofstaat Wilhelms, selbst wenn er von königlichem Geblüt war. Nur zur Begleichung der Kosten für den höfischen Aufwand waren die protokollarisch zurückgesetzten Parlamentarier jederzeit höchst willkommen. Im ersten Jahr der Herrschaft des neuen Kaisers wurde die Zivilliste des Kaisers um dreieinhalb Millionen Mark erhöht. 1889 machte die so genannte Krondotation fünf Prozent der Ausgaben des preußischen Staates aus. Das entsprach in etwa dem Anteil an den Staatsausgaben, den der französische Hof im Ancien Régime beansprucht hatte. Die Krondotation stieg im Laufe der Regierungszeit Wilhelms II. als König von Preußen von jährlich 12,2 auf 19,2 Millionen Mark. Dazu erhielt er als Deutscher Kaiser einen Dispositionsfond von jährlich drei Millionen Mark.

Schließlich war der Etat des Hofes höher als das Budget des Reichskanzlers, des Auswärtigen Amtes, des Kolonialamtes und der Reichsjustizverwaltung zusammen. 1913 wurde Wilhelms Vermögen auf über 140 Millionen Mark geschätzt. Zum Eigentum des Kaisers gehörten 40 Schlösser. Allein in Potsdam und Umgebung besaß er 13 davon, in Berlin drei. Zum Hof zählten circa 3.500 Personen, vom Oberstkämmerer bis zu den Silber-Verwaltern und Weißzeug-Aufseherinnen.

Wie sehr dem Kaiser der Sinn für die Realität abhanden gekommen war, beweist dieser Ausspruch von ihm: „*Diejenigen, welche Mir dabei behilflich sein wollen mein Amt auszufüllen, sind Mir von Herzen willkommen. Wer sie auch seien. Diejenigen jedoch, welche sich Mir bei dieser Arbeit entgegenstellen, zerschmettere Ich.*“ Wilhelm fühlte sich als Sonnenkaiser. Dabei war er nicht der einzige Monarch im Deutschen Reich; er hatte Bundesfürsten neben sich. Die hätte er nur allzu gerne unter seinem Kuratel gehabt, doch das ging nicht. Im Gegenteil, er musste sie im Bundesrat mitbestimmen lassen.

Bismarcks Sturz

In einer konstitutionellen Monarchie waren die Parlamente aus der Gesetzgebung nicht auszuschalten. Die Parteien waren für Staat und Reich mit in der Verantwortung. Der Kaiser verdrängte das gerne und betonte nur das Prinzip der Monarchie. Er hatte sich auf ein Postament gestellt und wollte die ungeteilte Bewunderung – und Unterwürfigkeit – seiner Untertanen. Dabei störte ihn, dass ausgerechnet ein Zivilist, der doch an sich unter ihm dienen sollte, auf gleicher Höhe neben ihm stand und ihm Glanz und Glorie wegnahm: Otto von Bismarck. Der Reichskanzler, Reichsgründer und zugleich kluger Reichsbewahrer war im Ausland geehrt und wurde auch in Deutschland weithin verehrt.

Auf Dauer konnte es mit den beiden nicht gut gehen. Zu groß waren die Gegensätze zwischen ihnen, als dass sie auf die Dauer auszusöhnen gewesen wären. Schon der Altersunterschied trennte sie. Bismarck gehörte der Generation der Großväter, Wilhelm II. der Generation der Enkel an. So standen sich ein 73-Jähriger, der zurück schaute, und ein 29-Jähriger, der nach vorne blickte, gegenüber. Ein Brückenschlag zwischen beiden wurde mit den Jahren immer unwahrscheinlicher.

Wilhelm erinnerte sich daran, dass sein Großvater oft über die Eigenmächtigkeit Bismarcks gestöhnt und sein Vater unter dessen Übermächtigkeit gelitten hatte. Und auch er selbst musste die bittere Erfahrung machen, dass der Kanzler weiterhin nicht nur Preußen und Deutschland, sondern sogar Europa eigenmächtig zu lenken beabsichtigte. *„Vierelang vom Bock fahren“* nannte er das. Im Bundesrat und im Reichstag gab er den Ton an, in den Reichsämtern und preußischen Staatsbehörden hielt er die Zügel in der Hand.

„Die Zugluft, die gegenwärtig in Berlin weht, mag manchem gefährlicher dünken als ein Feldzug“, notierte die Baronin von Spitzemberg, eine scharfsinnige Zeitgenössin zwei Monate nach Wilhelms Regierungsantritt. Sie sah alte Kämpen

wanken und fallen, neue Männer nachdrängen und aufrücken. Stände nicht *„unser Kanzler hinter dem jungen Draufgeher, es könnte einem ab und zu bange werden vor dem Übereifer, der allzu scharf dareinfährt.“*, schrieb die Baronin.

Die Bombe, die das Verhältnis von Kaiser und Bismarck zum Platzen brachte, war das Sozialistengesetz von 1878, das die Rechte der Arbeiter beträchtlich einschränkte. Das Gesetz war ziemlich unpopulär. Bei den einen, weil es gegen rechtsstaatliche Grundsätze verstieß, und bei den anderen, weil es nicht den erwarteten Erfolg zeigte. Bismarck jedoch beharrte mit dem Starrsinn eines Alten, der so oft recht behalten hatte, auf seinem Sozialistengesetz. Er verlangte sogar, dass es nicht wie bisher zeitlich begrenzt sein sollte und immer neu verlängert werden musste, sondern auf Dauer gelten müsste.

Wilhelm erkannte, dass Bismarck dabei war, sich zu übernehmen, und er nahm sich vor, das auszunützen. Am 24. Januar 1890 erklärte er vor dem preußischen Staatsministerium, dass Revolutionen vor allem dadurch entstanden seien, dass man dem Volke nicht rechtzeitig die nötigen Konzessionen gemacht habe. Eine Revolution sei auch in Deutschland zu befürchten, warnte er. Einziger Ausweg sei, wenn er ein von ihm initiiertes Arbeiterschutzprogramm dem Volke verkünde und dem Reichstag die Zustimmung zum Sozialistengesetz erleichtert würde, indem der Bismarckschen Entwurf abgemildert werde.

Bismarck widersprach energisch, ja wütend. Wilhelm hielt dagegen. Er werde seine ersten Regierungsjahre nicht mit dem Blute seiner Untertanen färben, meinte er. Die beiden Männer trennten sich mit dem Gefühl, dass der Bruch zwischen Kanzler und Souverän irreparabel wäre.

Das von Bismarck geforderte permanente Ausnahmegesetz gegen die zum Reichsfeind erklärte Sozialdemokratie wurde vom Reichstag am 25. Januar 1890 abgelehnt. Das bisherige, zeitlich begrenzte Sozialistengesetz wurde vom Parlament 1890 nicht mehr verlängert, nachdem es am 30. September ausgelaufen war. Der Niederlage im Reichstag folgte am 20. Februar 1890 eine Niederlage von Bismarcks Lager bei den Reichtagswahlen. Das Regierungslager schrumpfte, die Opposition wuchs. Die Sozialdemokraten steigerten ihren Stimmanteil von 7,1 auf 19,7 Prozent.

Am Morgen des 15. März 1890 erschien der 31-jährige Wilhelm im Reichskanzlerpalais und ließ den fast 75-jährigen Bismarck aus den Federn holen. Als der endlich vor dem Gestiefelten und Gespornten stand, musste er sich wie ein verspätet zum Morgenappell angetretener Rekrut von seinem Feldwebel anschnauzen lassen. Ein Wort gab das andere, schließlich machte Wilhelm außer sich vor Zorn auf dem Absatz kehrt und verließ das Reichskanzlerpalais. Hier wollte er diesen Reichskanzler nicht mehr länger sehen. Am 17. März 1890 ließ der Kaiser durch den Chef seines Militärkabinetts dem Kanzler ausrichten, er wünsche endlich dessen Abschiedsgesuch zu sehen.

Am Tag darauf, am 18. März 1890, hatte er die Bitte um Demission in Händen. Das Papier war zugleich eine Rechtfertigungsschrift Bismarcks und eine Anklageschrift gegen Wilhelm II. Der Abschied wurde genehmigt, die Veröffentlichung des Gesuches untersagt. Zunächst ging ein Aufatmen durch Deutschland, dass das Urgestein Bismarck, der die innere Entwicklung Preußens zu Liberalismus und Demokratie behindert hatte, aus dem Weg geräumt war. Der junge Kaiser, der dies bewerkstelligt hatte, weckte Hoffnungen, er könne das Reich, das unter dem alten Kanzler festgefahren war, in eine bessere Zukunft führen.

„Das letzte Jahrzehnt des Jahrhunderts", notierte die Baronin von Spitzemberg, *„treten wir an im Zeichen der jungen Generation, die, mit ihrem stürmischen Kaiser unerwartet früh ans Ruder gekommen, mit vollen Segeln in das wild bewegte Zeitenmeer hinaustreibt. Wohin? Das werden wir an uns selbst vielleicht allzu frühe bemerken, oder besser allzu spät, wenn die Klippen drohend vor uns aufsteigen und kein erfahrener Lotse am Steuer steht."*

Der entlassene Lotse des Reichs, Bismarck, verglich Wilhelm II. mit einem Kapitän, der bei seiner Mannschaft Besorgnis errege, weil er mit brennender Zigarre auf der Pulvertonne sitze. Als er 1890 das Reichskanzlerpalais verlassen musste, grollte Bismarck, er sehe in diesem Kaiser den sicheren Verderber des Reiches. *„Herrlichen Tagen führe ich euch noch entgegen"*, versprach hingegen Wilhelm II. 1892 den Deutschen. Seine Auffassung war, dass dem Volke dieses Glück nur zuteil werden könne, wenn er die alleinige Führung des Landes inne habe, sie nicht mit einem Kanzler oder gar mit einer Volksvertretung teilen müsse.

Die Trennung von Bismarck sei notwendig für die Monarchie und damit auch segensreich für das Volk gewesen, bilanzierte der Alleinherrscher später. Seine Pflicht und Schuldigkeit hätten es verlangt, *„die Person des Monarchen erst einmal an seinen Platz zu bringen, die Ehre und die Zukunft unseres Hauses zu retten vor dem verderblichen Einfluß des Mannes, der uns unseres Volkes Herz gestohlen hatte"*, schrieb Wilhelm in seinen Erinnerungen. So sei ihm nichts anderes übrig geblieben, als Bismarck *„in den Sand zur Rettung meiner Krone und unseres Hauses"* zu stecken, *„die kö-*

nigliche Standarte fest in meiner Hand, den Schild mit dem schwarzweißen Wappen in meinem Arm und Gott über mir.“

Sein Erfolg schien sein Auserwähltsein zu bestätigen: *„Die Krone sendet ihre Strahlen durch Gottes Gnade in Paläste und Hütten“*, tönte er. Sein Sieg über Bismarck steigerte noch seine Überheblichkeit: *„Europa und die Welt horcht auf, um zu hören, was sagt und was denkt der Deutsche Kaiser? Und nicht: was ist der Wille seines Kanzlers!“* Sein Triumphgefühl grenzte an Größenwahn: *„Für immer und ewig gibt es nur einen wirklichen Kaiser in der Welt, und das ist der Deutsche Kaiser, ohne Ansehen seiner Person und seiner Eigenschaften, einzig durch das Recht einer tausendjährigen Tradition, und sein Kanzler hat zu gehorchen!“*

Der in den Sachsenwald verbannte Bismarck zürnte: Er habe die *„nicht normale Geistesverfassung des Kaisers“* erkannt und sich gegen den Rücktritt gesträubt, um eine Katastrophe zu verhindern. Sein Sohn Herbert, Staatssekretär des Auswärtigen Amtes, der mit dem Vater und Kanzler zurückgetreten war, sagte 1890 voraus: Man müsse sich – nach dem Sturze Bismarcks – auf weitere impulsive Handlungen des Monarchen gefasst machen. *„Das wird das Reich nicht aushalten und in 20 Jahren wird es zerfallen.“*, war seine Prognose. Es dauerte dann noch 28 Jahre, bis 1918 Wilhelm II., der letzte Deutsche Kaiser und König von Preußen gestürzt wurden.

Aggressive Flottenpolitik

„Unsere Zukunft liegt auf dem Wasser“, erklärte Wilhelm II. am 23. September 1898 bei der Eröffnung des neuen Stettiner Hafens. *„Der Ozean ist unentbehrlich für Deutschlands Größe“*, betonte er bei der Taufe des Linienschiffes „Wittels-

bach“ in Wilhelmshaven am 3. Juli 1900. Mit Vollgas fuhr der Kaiser ins 20. Jahrhundert seiner Vorstellung. Und dazu gehörte für ihn eine große und (über-)mächtige Flotte.

Der Hohenzoller beförderte sich erst einmal zum Großadmiral der Kaiserlichen Marine. Diesen Rang hatte es bisher gar nicht gegeben. Das trug ihm nicht nur einen vierten Ärmelstreifen an der Marineuniform und einen versilberten und vergoldeten Großadmiralstab ein. Er schenkte ihm auch die Genugtuung, dass er ebenbürtig mit dem Heeresreformer Wilhelm I., seinem Großvater, als Flottenorganisator Wilhelm II. in die Geschichte eingehen würde. Und es dokumentierte seine Absicht, als maritimer Weltpolitiker dem Kontinentalpolitiker Bismarck den Rang ablaufen zu wollen.

„Wie Mein Großvater für sein Landheer“, erklärte er am 1. Januar 1900 vor Offizieren der Berliner Garnison, *„so werde auch Ich für Meine Marine unbeirrt in gleicher Weise das Werk der Reorganisation fort- und durchführen, damit auch sie gleichberechtigt an der Seite Meiner Streitkräfte zu Lande stehen möge und durch sie das Deutsche Reich im Auslande in der Lage sei, den noch nicht erreichten Platz zu erringen.“* Wilhelm schien Tag und Nacht an nichts anderes denken zu können, als Kriegsschiffe zu bauen.

Des Kaisers liebstes Hobby begann die Engländer zunehmend zu beunruhigen. Wilhelms vermeintliches Spielzeug begann sich als ernstzunehmende Konkurrenz auf den Weltmeeren zu entwickeln. Die Engländer fühlten sich herausgefordert und schwenkten in die Reihe der kontinentalen Gegner Deutschlands ein.

Schon als Junge habe er den Wunsch gehegt, *„auch einmal eine so schöne Flotte wie die englische zu besitzen“*, erklärte der 45-jährige Kaiser im Juni 1904 beim Empfang des englischen Königs Eduard VII. in Kiel. Um dem Onkel zu demonstrieren, dass er drauf und dran war, seinen Jugendtraum zu verwirklichen, hatte er alle verfügbaren Kriegsschiffe zusammengezogen. Ihr donnernder Salut hallte den Engländern derart in den Ohren, dass sie alles daran setzten, im Rüstungswettlauf vorne zu bleiben.

Großbritannien baute Großkampfschiffe, die mit doppelter Tonnage und vermehrter Feuerkraft den bisherigen Linienschiffen weit überlegen waren. 1906 lief das erste Schlachtschiff des neuen Typs, die „Dreadnought" („Fürchtenichts"), vom Stapel. Wilhelm II. und sein Admiral Tirpitz erkannten, dass durch diese neue Generation von Kriegsschiffen die eigenen Linienschiffe, von denen man so viele für riesige Summen angeschafft hatte, *„entwertet und außer Kurs gesetzt wären"*.

Deutschland musste nach- bzw. gleichziehen. Noch im Jahre 1906 bewilligte der Reichstag eine Flottennovelle. Damit wurden Mittel für die Verbreiterung des für größere Schlachtschiffe zu schmalen Kaiser-Wilhelm-Kanals bereit gestellt, zudem eine Erweiterung des Hafens sowie eine Vergrößerung der Docks in Wilhelmshaven finanziert und der Bau von drei deutschen Schiffen der „Dreadnought-Klasse".

„Als das erste deutsche Großkampfschiff in Dienst gestellt wurde, erhob sich großer Lärm im Britenland", berichtete Wilhelm in seinen Memoiren. Der Lärm verstärkte sich mit jedem „Fürchtenichts", der in See stach und die Engländer bange machen sollte. Nach der Flottennovelle von 1908 sollten bis 1912 jährlich vier Schlachtschiffe der neuen Klasse gebaut werden; weitere waren vorgesehen.

Innerhalb eines Jahrzehnts war die deutsche Kriegsflotte die zweitstärkste der Welt geworden. In London wurde befürchtet – und in Berlin erhofft – dass es zu einem Rennen Bug an Bug kommen könnte. Mit jedem neuen deutschen Kriegsschiff verkleinerten sich der Vorsprung der englischen Flotte und damit jede Chance der deutschen Außenpolitik, England nicht noch mehr an Frankreich und Russland annähern zu lassen. Wilhelm II. war vom Gegenteil überzeugt: *„England kommt uns nicht trotz, sondern wegen meiner kaiserlichen Marine."* Er segelte im Kielwasser der Tirpitzschen Strategie, die sich schon bald als falsch und fatal erweisen sollte.

Wilhelms Bedürfnis, groß und mächtig dazustehen, stimmte mit dem Verlangen vieler Deutscher überein, von der Welt mehr als bisher respektiert zu werden. *„Wir sind wieder wer"* und *„Wir wollen noch mehr werden"*, dieses imperiale Bedürfnis vermochte der Kaiser in seiner Person – blitzender Blick und Hand auf dem Degenknauf – wie in seinen zündenden und donnernden Reden perfekt aufzunehmen.

Die Deutschen waren damals stolz auf das „Made in Germany". Die Engländer hatten einst die Deutschen aus Konkurrenzneid genötigt, diesen Begriff gleichsam als Brandmal deutschen Produkten aufzuprägen. Aber je mehr die deutsche Wirtschaft produzierte und je besser die gelieferten Waren wurden, hatte sich das „Brandmal" zum weltweit anerkannten Gütezeichen gewandelt. Und die Deutschen waren stolz auf ihren Kaiser, der dem *„perfiden Albion"* mit Imperatorengesten und mit seiner Flottenrüstung gegenüber trat. Wilhelm II. war für sie ein Herrscher wie kein anderer zuvor.

Der französische Botschafter Herbette bemerkte damals: die Deutschen seien die empfindlichsten Leute der Welt, und dabei komme ihnen niemals der Gedanke, dass sie möglicherweise selbst sehr beleidigend sein könnten. Und das seien sie durchaus sehr oft. Denn um die Bedeutung des Reiches zu erhöhen, scheute der Kaiser nie, oft und gerne große und schwere Worte und Bilder zu gebrauchen, die andere als Beleidigung und Herausforderung empfanden.

Die Hunnenrede

Als beispielsweise während des Boxeraufstandes, dem Aufstand gegen die fremden Besatzer in China, die Nachricht von der Ermordung des deutschen Gesandten Ketteler eintraf, depeschierte Wilhelm II., der diese Tat als persönliche Beleidigung auffasste, seinem Reichskanzler: *„Der Deutsche Gesandte wird durch Meine Truppen gerächt. Peking muß rasiert werden."* Umgehend setzte er ein deutsches Expeditionskorps in Marsch. Dessen Aufgabe war es nicht nur, das von den Boxern belagerte Gesandtschaftsviertel zu entsetzen und die deutsche – und damit die europäische – Stellung zu verteidigen, sondern auch und vor allem, Vergeltung zu üben.

Das wurde besonders deutlich bei der Verabschiedung der nach Ostasien abreisenden Truppen am 27. Juli 1900 in Bremerhaven. Bei dieser Gelegenheit tönte der Kaiser: *„Kommt Ihr vor den Feind, so wird er geschlagen. Pardon wird nicht gegeben, Gefangene nicht gemacht. Wer Euch in die Hände fällt, sei in Eurer Hand. Wie vor tausend Jahren die Hunnen unter ihrem König Etzel sich einen Namen gemacht, der sie noch jetzt in der Überlieferung gewaltig erscheinen läßt, so möge der Name Deutschland in China in einer solchen Weise bekannt werden, daß niemals wieder ein Chinese es wagt, etwa einen Deutschen auch nur scheel anzusehen."*

Diese martialische Ansprache ging als „Hunnenrede" in die

Geschichte ein. In Deutschland erhob sich dagegen Kritik in oppositionellen Blättern und auf der linken Seite des Reichstages. Vor allem aber das Ausland war entrüstet und vergaß diese Hunnenrede nie mehr. Sie wurde als Beweis der barbarischen Deutschen im Allgemeinen und des Deutschen Kaisers im Besonderen immer wieder zitiert. Auch die Brutalität, mit der Wilhelm in Südwest-Afrika die Aufstände der Hereros und Hottentotten niederschlagen ließ, trug keineswegs zur Vertrauensbildung bei.

Durch die „freie Hand", die sich die deutsche Außenpolitik in Europa und in der Welt schaffen wollte, geriet das Reich mehr und mehr zwischen die Fronten. Es manövrierte sich in eine Isolation, die weder glänzend noch verheißungsvoll war. Bismarck hatte mit den Großmächten Europas eine „Balance of power" zu erreichen versucht, die er für die Sicherheit des Reiches und den Frieden in Europa unabdingbar hielt. Weil das immer schwieriger geworden war, wurde er oft in Karikaturen mit einem Jongleur verglichen.

Für Bernhard von Bülow, den neuen Reichskanzler, war ein anderes Bild zutreffend: Er glich einem Seiltänzer, der sich zwischen den Mächten und Fronten mit Effekt haschender Attitüde, doch offensichtlicher Unsicherheit über einem Abgrund zu halten versuchte, der sich unter ihm auftat. Und leider hatte man verabsäumt, dieses Risiko mit einem Netz zu sichern.

Begonnen hatte das Hochrisikospiel der deutschen Außenpolitik mit der Nichterneuerung des Rückversicherungsvertrages mit Russland. Das hatte zur Annährung des einstigen Bündnispartners Russland an das eigentlich in Erzfeindschaft verharrende Frankreich geführt. Fortgesetzt wurde der Weg in die Isolation durch die Unfähigkeit der nach-bismarckschen

Diplomatie und die unaufhaltsame Flottenrüstung, die es unmöglich machte, England als Gegengewicht zur russisch-französischen Allianz zu gewinnen oder es zumindest von der russisch-französischen Entente fernzuhalten.

Wilhelm II. war auf dem Wege in die Isolation teils anderen gefolgt, teils hatte er ihn selbst gewählt. Da er sich gerne als alleiniger Leiter der auswärtigen Angelegenheiten gerierte, konnte er sich der Gesamtverantwortung nicht entziehen. Daher wurde ihm später zu Recht eine Mitschuld, ja die Alleinschuld am Irrweg zugesprochen.

Vor allem die Entfremdung von England war seine ganz persönliche, außenpolitische Fehlleistung. Was mit seinem gestörten Verhältnis zum Lande der Mutter und zum Mutterland des Liberalismus begonnen hatte, entwickelte sich zu einer zwischen Bewunderung und Missgunst schwankenden Einschätzung Großbritanniens. Durch das deutsche Weltmachtstreben führte das geradewegs zu einer Rivalität, die Deutschlands Kräfte überforderte und schließlich in einer Feindschaft eskalierte, die für das Reich Existenz gefährdend wurde.

In der Situation, in der sich das Reich in der Mitte Europas befand, hätte es sich stets den wechselnden Lagen anpassen müssen und hätte keine Fehler machen dürfen. Das erkannte auch Tirpitz; aber erst, als es schon zu spät war. Der Admiral hatte den Kaiser darin bestärkt, den schwerwiegendsten außenpolitischen Fehler zu begehen: mit dem Flottenbau hatte es sich angesichts der Zweifrontenbedrohung auf dem Kontinent die Möglichkeit des dringend notwendigen Arrangements mit England verbaut.

Dabei hätte es genug Gelegenheiten gegeben, sich mit der

englischen Verwandtschaft gut zu stellen. Mit seinem Onkel Bertie, nun König Eduard VII., schritt er hinter dem Sarg seiner am 5. August 1901 gestorbenen Mutter, der Tochter Queen Victorias. In einem Brief an den Deutschen Kaiser drückte der König von England die Hoffnung aus, dass ihre Länder zusammen arbeiten würden, und Wilhelm II. bekräftigte *„mit Freuden alles, was Du über die Beziehungen unserer beiden Länder und zwischen uns persönlich gesagt hast: sie sind vom gleichen Blut und haben das gleiche Glaubensbekenntnis und sie gehören der großen germanischen Rasse an, der der Himmel die Kultur der Welt anvertraut hat.“*

Die Gemeinsamkeiten, die Edward VII. beschwor, reichten aber nicht aus, um eine Allianz zu schmieden. Es gelang nicht einmal ein Arrangement in Einzelfragen, wie es London gewünscht hätte. Wilhelms notorische Abneigung gegen den englischen Onkel brach sich immer wieder seine Bahn. Eduard VII. verlor schließlich die Geduld, die er mehr aus Phlegma als aus Nachsicht gegenüber Wilhelm II. gezeigt hatte.

Der englische König wandte sich vom deutschen Kaiser ab, den er für gemeingefährlich hielt, und die englische Außenpolitik suchte andere Bündnispartner, um sich mit ihnen gemeinsam gegen das wilhelminische Reich zu wappnen. 1904, drei Jahre nach dem Scheitern der englisch-deutschen Koalitionsgespräche, bereinigten England und Frankreich ihre Kontroversen über ihre Kolonien in Nordafrika und schlossen die Entente Cordiale.

Diese Nachricht schlug in Berlin wie eine Bombe ein. Niemals hätte man dort eine Einigung zwischen den alten Rivalen für möglich gehalten. London war nicht zuletzt deshalb hochmütig die kalte Schulter gezeigt worden, weil man der Ansicht war, dass nicht Deutschland England, sondern umgekehrt England Deutschland brauche. Deshalb werde England eines Tages um eine Allianz nachsuchen und dafür fast jeden Preis bezahlen.

Nun aber trat England, der Bundesgenosse Friedrichs des Großen und Friedrich Wilhelms III., an die Seite Frankreichs, das es so lange und so vehement bekämpft hatte. Wilhelm dachte zunächst, die Entente Cordiale würde sich nicht so entwickeln, wie es die Bezeichnung versprach. Doch diese Hoffnung zerstob schon bei der ersten Probe aufs Exempel: 1905, in der Marokko-Krise.

Die Marokko-Krise

London und Paris hatten bei ihrer Einigung Ägypten zum englischen und Marokko zum französischen Interessengebiet gemacht. Die Franzosen begannen, ein Protektorat über das nordafrikanische Land zu errichten. In Berlin wurde nun aber ein Mitspracherecht bei der Entscheidung über die Zukunft des nordafrikanischen Landes verlangt.

Man hoffte wohl, an der Marokko-Frage den Hebel ansetzen zu können, um Frankreich und England wieder auseinander zu bringen. Man vermeinte, so eine Annährung Frankreichs an Deutschland erreichen zu können: Blanke Einschüchterung sollte die Franzosen zu einem Entgegenkommen veranlassen. Als Drohpotential sollte der stets zum Säbelrasseln aufgelegte Kaiser dienen. Doch diesmal sträubte sich Wilhelm, diese Rolle zu spielen, die er sonst so gern übernahm. Marokko barg, wie er meinte, *„zu viel Zündstoff“*. Eine Explosion wollte er nicht riskieren. Dass Bülow nur bluffen wollte, durchschaute der Imperator nicht.

Um nicht ganz das Gesicht zu verlieren, forderte das Reich eine internationale Konferenz über die Marokko-Frage. Auf der Konferenz von Algeciras im Jahre 1906 setzte sich Frankreich durch, unterstützt nicht nur von seinem Entente-Partner England und seinem Zweibundparter Russland, sondern sogar von Deutschlands Dreibundpartner Italien. Das Reich – und in seinem Gefolge Österreich-Ungarn – war isoliert.

Wilhelms ganzer Zorn über die verfahrene Lage traf die *„jämmerlichen, verkommenen, lateinischen Völker“*. In erster Linie galt sein Furor den Franzosen und Italienern. Zitat Wilhelm II.: *„Wir haben nicht nur keine Freunde mehr, sondern dieses Eunuchengeschlecht des alten römischen Völkerchaos haßt uns aus vollster Seele! Es ist wie zur Zeit der Hohenstaufen und der Anjous! Alles bei den romanischen Hundsföttern verrät uns nach Rechts und Links und springt England in die geöffneten Arme, die sie gegen uns verwenden werden!“*

Seine Enttäuschung, der er so ausfällig Luft machte, wurde noch dadurch vergrößert, dass es ihm nicht gelungen war, die slawischen Russen zu gewinnen, wenn ihm schon die romanischen Franzosen widerstanden und die germanischen Engländer nicht entgegen kamen. Doch Wilhelm hatte trotz dieses Rückschlags nicht die Hoffnung aufgegeben, die Russen auf seine Seite zu ziehen. Wilhelm hatte sich von Anfang an des um neun Jahre jüngeren Zaren Nikolaus II. angenommen und glaubte in ihm, wenn schon nicht einen Freund, so doch einen Verehrer gefunden zu haben.

„Willy“ bombardierte „Nicky“ mit englisch geschriebenen Briefen. Deren Kasinoton konnte der auf Etikette achtende Romanow wenig abgewinnen. Auch die antifranzösischen

Tiraden Wilhelm II. beeindruckten den mit Frankreich verbündeten Zaren nicht wirklich, auch wenn der russische Monarch von Gottes Gnaden wie der preußisch-deutsche die Republikaner in Paris als *„Revolutionäre de natura"* betrachtete.

Trotz alledem trafen sich Wilhelm und Nikolaus im Juli 1905 ohne ihre Minister auf Björkö in den finnischen Schären. „Willy" komplimentierte „Nicky" in die Kabine seiner „Hohenzollern" und legte ihm einen Vertrag vor: Russland und Deutschland sollten sich verpflichten, im Falle des Angriffes einer *„europäischen Macht"* dem Angegriffenen *„in Europa mit allen Land- und Seestreitkräften"* zur Seite zu treten. Russland sollte zudem Frankreich auffordern, dem neuen deutsch-russischen Zweibund beizutreten und ihn so zu einem europäischen Kontinentalbund zu erweitern. Nikolaus II. konnte der Versuchung, den Engländern eins auszuwischen, nicht widerstehen und unterschrieb.

„Mir stand das helle Wasser der Freude in den Augen", berichtete der Kaiser seinem Kanzler. *„So ist der Morgen des 24. Juli 1905 bei Björkö ein Wendepunkt in der Geschichte Europas geworden, dank der Gnade Gottes, und eine große Erleichterung der Lage für mein teures Vaterland, das endlich aus der scheußlichen Greifzange Gallien-Russland befreit werden wird."*

Er sei ein Werkzeug in Gottes Händen gewesen, bedeutete er Bülow, doch dieser war diesmal nicht bereit, als Werkzeug des Kaisers zu dienen. Da die Beistandsverpflichtung auf Europa begrenzt sei, würde der Vertrag nichts nützen, wenn es zu einem Konflikt mit England käme, der sich eher in Übersee abspielen werde. Deshalb könne er für ihn keine Verantwortung übernehmen und müsse um seinen Abschied bitten.

Anstatt Lob für seine, wie er meinte, welthistorische Tat zu ernten, war ihm Undank beschieden. Sein Kanzler wollte ihm den Büttel hinschmeißen. Wilhelm war derart betroffen, dass er diesmal nicht aggressiv, sondern wehleidig reagierte: *„Das hat mir einen solchen fürchterlichen Stoß gegeben, daß ich vollkommen zusammen gebrochen bin und befürchten muß, einer schweren Nervenkrankheit anheimzufallen"*, schrieb er an Bülow. *„Der Morgen nach dem Eintreffen Ihres Abschiedsgesuches würde den Kaiser nicht mehr am Leben treffen! Denken Sie an Meine arme Frau und die Kinder."*

Der Kanzler blieb und nahm in Kauf, dass der Kaiser ihm diesen Kniefall nachtragen würde. Der Vertrag von Björkö wäre aber auch durch ein Einlenken Bülows nicht zu retten gewesen. Die russische Regierung folgte dem Zaren nicht bei seinem Alleingang. Vielmehr suchte die Kontinentalmacht Russland die Nähe zur Seemacht England, die die neue Flottenmacht Deutschland für gefährlicher hielt als den alten Kolonialrivalen Russland.

Das verhängnisvolle Interview

Am 28. Oktober 1908 stand im Londoner „Daily Telgraph" unter der Überschrift *„The German Emperor and England"* ein Artikel, in dem Oberst Stuart-Wortley *„die Grundgedanken einer längeren Unterredung"* der Öffentlichkeit preis gab, die er als Gastgeber mit seinem Gast Wilhelm II. auf Highcliffe Castle geführt hatte. – Gedanken, die, wie er annahm, dazu beitragen könnten, *„das hartnäckige Mißverständnis über die Art der Gefühle des Kaisers für England zu beseitigen"*.

Das Interview erwies sich als Rohrkrepierer. Der Deutsche Kaiser hatte bei der Gelegenheit allerlei dummes Zeug über die Engländer, Franzosen und Russen zusammen geschwafelt. Dieser hanebüchene Blödsinn flog nun Wilhelm II. um die Ohren und verletzte ernsthaft seine Reputation. Die Engländer waren mehr denn je überzeugt, dass der Flottenkaiser der Hauptverantwortliche für die Verschlechterung der Beziehungen der beiden Staaten sei. Franzosen und Russen sahen sich in ihrer Bündnispolitik bestätigt und aufgefordert, gemeinsam mit den Briten den Wall um das von einem ebenso anmaßenden wie dilettantischen Imperator geführte Deutschland zu verstärken.

Noch verheerender als im Ausland wirkte sich die „Daily-Telegraph-Affäre“ im Inland aus. Die deutsche Nation werde im Ausland mit Recht verachtet, weil sie sich das Regime dieses Mannes gefallen lasse, hatte Max Weber bereits zwei Jahre vorher geschrieben. Nun lief das Fass der Kritik an einem Monarchen über, der auf seinem „persönlichen Regiment“ bestand, es aber nicht zu führen verstand.

Im Reichstag schien es keine Parteien mehr zu geben, sondern eine einige Phalanx gegen den Kaiser. Sie reichte von Links – was wenig verwunderte – bis Rechts, was beträchtliches Aufsehen erregte. Die Wellen der im Reichstag eskalierenden Kritik erreichten den Monarchen fern von Berlin. Wilhelm II., der mit dem „Daily-Telegraph-Interview“ einen kapitalen Bock geschossen hatte, weilte seinerzeit zur Jagd beim österreichisch-ungarischen Thronfolger Franz Ferdinand in Eckartsau.

Das Hobby des Kaisers erregte schon seit längerem den Unmut seiner Untertanen. Schien sich doch Wilhelm mehr um seinen Leiboberjäger und Oberbüchsenspanner zu kümmern, als um seinen Reichskanzler und Ministerpräsidenten. Auch in den Wald und auf die Heide zog er in einer Uniform, die er selbst entworfen hatte: Jägerhut mit Hahnenfedern, ein graugrüner Rock, dessen linker Ärmel wegen des verkrüppelten Armes verkürzt worden war.

Dem Behinderten musste der Leibjäger als Stütze zum Auflegen der Büchse dienen, was, wie gespottet wurde, sich nicht alle Böcke gefallen ließen. Dennoch war die Jagdbeute Wilhelms II. stets beachtlich. Man trieb ihm das Wild zu und ließ ihn als Ersten schießen. 1901 erlegte er an einem einzigen Tag 873 Fasane, doppelt so viele wie der nach ihm erfolgreichste Schütze.

1902 wurde am Reformationstag seine Jagdbeute in den letzten Jahrzehnten bekannt gegeben: 47.443 Tiere, darunter 1.596 Damhirsche, 2.506 grobe Sauen und 798 Rehböcke. Die Zahl wuchs und wuchs, steigerte den Stolz des Jagdherren und das Missvergnügen der Untertanen. Diese störten sich zunehmend an der Diskrepanz zwischen der waidmännischen und staatsmännischen Bilanz ihres Herrschers.

Nach Potsdam zurück gekehrt, legte sich der Kaiser nach der anhaltenden Kritik an seiner Person erst einmal mit einer Depression ins Bett. Sein Zustand wurde dadurch verschlimmert, dass er, um sich einigermaßen aus der Affäre zu ziehen, seinen Reichskanzler als Verantwortlichen für das Interview-Desaster hinstellte. Bülow sei an allem schuld, behauptete Wilhelm. Er habe den ihm zur Genehmigung vorgelegten Text des „Daily-Telegraph-Interviews“ dem Kanzler zur Überprüfung übergeben. Und der habe keine Einwände gehabt.

Bülow zeigte indes keine Lust, den Sündenbock zu spielen. Er habe zwar – gegen Akten allergisch wie er war – den Text nicht gelesen, sondern die Entscheidung einem Untergebenen überlassen, der den Monarchen nicht zu korrigieren gewagt hatte. Vor dem Reichstag sprach der Kanzler die Erwartung aus, dass der Monarch künftig auch in Privatgesprächen jene Zurückhaltung üben werde, die man von ihm im Interesse einer einheitlichen Politik erwarten dürfe.

Wilhelm knickte daraufhin ein und versprach, sich künftig mit seinen Äußerungen zurück zu halten. Aufheitern konnte ihn in dieser Situation nur eine weitere Nordlandreise mit seiner Jacht „Hohenzollern". Auf der Steuerbordseite des Dekkes hin und her gehend, wobei ihm keiner in die Quere kommen durfte, genoss er den Reiz der Fjorde und den Zauber der Mitternachtssonne: eine Natur, welche die germanischen Saiten in seiner Brust zum Klingen brachte.

Die „Hohenzollern" mit ihrer Besatzung von rund 300 Mann war eine „Hauptstadt im Kleinen". Im Deckhaus gingen Telegramme ein, nahm der Kaiser Verträge entgegen und fällte manche Entscheidung, von der er glaubte, sie sei mit einer dem Ausblick entsprechenden Weitsicht getroffen worden. Auf dem Schiff ließ er sich nur von Amtspersonen seines Vertrauens begleiten, also jenen, die seinen Anweisungen bedingungslos gehorchten, und von Reisegefährten seiner Zuneigung, also jenen, die seine Ansichten wie seine Vergnügungen teilten

Es war eine Männergesellschaft, in der „Weiblichkeit" nur in Form einer Damenkapelle aus verkleideten jungen Matrosen geduldet wurde. Der Monarch wachte über Glaube und Sitte, las aus der Bibel vor und hielt Andachten ab. Und er sorgte für die Einhaltung des Leitsatzes *„Mens sana in corpere sano"*, indem er sich als Vorturner bei der Morgengymnastik betätigte.

Das war nicht jedermanns Sache, und hinter dem Rücken des Kaisers wurde oft und gern über Wilhelm gelästert. Mehr Spaß machten den Gästen die Herrenabende in bester Kasinotradition. Wenn dann lange genug getrunken und geschwätzt worden war, konnte es vorkommen, dass der Kaiser schreiend und lachend die Exzellenzen durch die Gänge des Schiffes zu Bett jagte.

Drohende Zeitenwende

Doch trotz dieser Ablenkung ging die Krise des Jahres 1908 nicht spurlos an dem Kaiser vorüber. Wilhelm II. muss gespürt haben, dass es keinen Ausweg aus der Situation gab, in die er sich manövriert hatte. Eine Zeitwende war absehbar. Die alte, monarchische Welt hatte abgewirtschaftet und die neue demokratische Zeit war dabei, sich durchzusetzen. Aber noch rangen die Lager miteinander. Diesem Zwiespalt seiner Ära entsprach auch die Doppeldutigkeit seiner Person. Dabei war Wilhelm II. vielleicht gerade deshalb untauglich und unfähig, die Kluft zwischen den Fronten überbrücken zu helfen. Und es dämmerte ihm möglicherweise, dass der Tag des Sonnenkaisers dahin schwand und die Nacht des Schattenkaisers hereinbrach.

Wilhelm II. stellte sich dennoch weiterhin unbeirrt als Monarch von Gottes Gnaden in Positur, der nicht von Parlamenten, Volksversammlungen und Volksbeschlüssen abhängig war. Immer mehr glich er jedoch einer hohlen Herrscherstatue, die zwar das Zepter hochhielt, die aber auf das sich unter dem Postament abspielende Leben nur herab blicken konnte und nicht mehr in das Geschehen einzugreifen vermochte.

Nach dem Auseinanderbrechen des Bülow-Blocks aus Konservativen und Liberalen im Reichstag reichte Bülow am 26.

Juni 1909 seinen Abschied ein. Dem Kaiser wurde bedeutet, dass sich der Kanzler mehr der Volksvertretung als dem Monarchen von Gottes Gnaden verantwortlich fühlte. Wilhelm versuchte sein Gesicht zu wahren. Der Monarch sei stark genug, die Vorrechte der Krone zu schützen, erklärte er Bundesratsvertretern. Er, der Kaiser, entlasse und ernenne seine Kanzler selbst, daher habe er Bülow verabschiedet und Bethmann Hollweg berufen, der *„mit festen konservativen und monarchischen Grundsätzen"* den *„freien Blick für die auf allen Gebieten des politischen, wirtschaftlichen und sozialen Lebens in liberaler Richtung sich bewegende Entwicklung unseres Zeitalters"* verbinde.

Der Kaiser forderte von seinem neuen Kanzler, der Blick habe *„am Kaiser und König haften zu bleiben"* und der Liberalismus müsse in der Bahn gehalten werden, in die ihn Bismarck gelenkt hatte. Wilhelms größte Angst war, dass in Deutschland der „Parlamentarismus" ausbrechen könnte. Diesen Anforderungen des Kaisers versuchte der neue deutsche Reichskanzler und preußische Ministerpräsident perfekt zu entsprechen. Theobald von Bethmann Hollweg, mit 53 nur drei Jahre älter als Wilhelm II., kam Theodor Fontanes Idealbild eines preußischen Staatsdieners *„mit griechischer Seele, altfritzschem Geist und märkischem Charakter"* nahe. Der Herr aus Hohenfinow erschien als Muster preußischen Beamtentums, in dem aber zivile Manieren mit humaner und gemäßigt-liberaler Gesinnung in einer Weise verwoben waren, dass auch Süddeutsche ihn respektieren konnten.

Vor allem die Verwaltung war die Welt des neuen Kanzlers. Vor seiner Berufung zum Reichskanzler war er Regierungspräsident in Bromberg, Oberpräsident der Mark Brandenburg, preußischer Minister des Inneren, Staatssekretär des Reichsamtes des Innern und Vizepräsident des preußischen

Staatsministeriums gewesen. In allen Ämtern war er durch berufliche Tüchtigkeit wie menschliche Untadeligkeit aufgefallen. Wilhelm II. hatte die Familie Bethmann Hollweg und vor allem den Vater Felix, einen Gutsherren, bereits als Prinz kennen und schätzen gelernt.

Trotzdem war er schon bald unzufrieden mit seinem Schützling. *„Seine Veranlagung zur Ergründung der Probleme und sein Wunsch, nur das vorzutragen, was er in seiner peinlichen Bedenklichkeit für völlig ausgereift hielt, wirkten im Laufe der Zeit doch recht hemmend"*, notierte Wilhelm. *„Es war schwer, ihn zu Entschlüssen zu bringen, solange er nicht von ihrer absoluten Einwandfreiheit überzeugt war."*

Auch mit dem Außenpolitiker Bethmann Hollweg, der dieses Metier nie gelernt hatte und auch nicht zu beherrschen lernte, war der Kaiser immer weniger zufrieden. Wilhelm kam zu dem Schluss: *„Er war im Grunde seines Wesens Pazifist und hatte sich in den Gedanken verrannt, mit England zu einer Verständigung zu kommen, koste es, was es wolle."* Im Laufe seiner Kanzlerschaft habe sich immer mehr heraus gestellt, *„dass die Realitäten der Politik ihm recht fern lagen."*

In der Hand der Militärs

Bethmann Hollweg machte bald die Erfahrung, dass das Kabinett, die Flottenleitung und der Generalstab direkten Einfluss auf den Kaiser hatten und so eine übermäßige Macht im Reiche gewonnen hatten. Das entsprach zwar dem Verständnis der preußischen Militärmonarchie, nicht aber den Bestimmungen der Reichsverfassung und den Forderungen einer wachsenden Mehrheit der Bevölkerung. Die politische Führung ging damals schleichend in die Hände des Militärs über. Sie bestimmten zunehmend die Taktik in der Innenpolitik und die Strategie in der Außenpolitik und gingen daran, die militärische Führung dem Obersten Kriegsherrn, dem Kaiser, zu entwinden.

Eine überfällige Reform des preußischen Dreiklassenwahlrechtes, an der sich Bethmann Hollweg versuchte, scheiterte am Widerstand der konservativen Kräfte und der Militärs. Wie letztere über Wilhelm dachten, macht die Äußerung des Freiherrn von der Goltz deutlich, der Graf Schlieffen für seine Manöverpolitik kritisierte. Aus Menschenverachtung und Servilität dem Kaiser gegenüber würde er ihn in Manövern sinnlose Theaterschlachten gewinnen lassen. *„Den Kaiser verführt die Lust am glänzenden Schauspiel zu solcher Spielerei. Das dürfte Schlieffen nicht dulden. Es ist gefährlich, im Frieden etwas zu üben, was im Kriege versagen muß."*

Generalstabschef Helmuth von Moltke, des legendären Generals Neffe, der dem Onkel nicht das Wasser reichen konnte, machte dem Kaiser und Obersten Kriegsherren dann auch klar, dass er in einem künftigen Krieg gar nicht gebraucht würde. Denn nicht nur die Planung, sondern auch die Ausführung der militärischen Operationen sei so kompliziert geworden, dass sie nur noch ein automatisch funktionierender Militärapparat ausführen konnte. Ein bestimmender, einzelner Lenker sei nun nicht mehr vonnöten.

Auch Admiral Tirpitz wusste dafür zu sorgen, dass ihm bei seiner Flottenrüstung gegen England keiner aus dem Ruder lief. Nicht der Großadmiral Wilhelm II. und schon gar nicht eine Landratte wie der Kanzler. Auf der Brücke des Reichsschiffes führte der Kapitän eigentlich nur noch pro forma das Kommando. Er befahl, was ihm von seinen Offizieren eingeflüstert und angegeben wurde.

Wilhelms ungeliebter Onkel Bertie hatte das auch längst erkannt. Eduard VII. konstatierte gegenüber dem langjährigen französischen Außenminister Deldcassé: *„Durch seine unglaubliche Eitelkeit fällt mein Neffe auf alle Speichelleckereien der Nationalisten seiner Umgebung herein, die ihm immer wieder versichern, er sei der größte Souverän der Welt und müsse die Suprematien Deutschlands über sie errichten. Da aber seine Feigheit noch größer ist als seine Eitelkeit, so wird er vor diesen Schmeichlern zittern, wenn sie ihn, unter dem Druck des Generalstabs, auffordern werden, den Degen zu ziehen. Er wird nicht den Mut haben, sie zur Räson zu bringen. Er wird sich ihnen jämmerlich unterwerfen. Er wird den Krieg entfesseln, nicht aus eigener Initiative, nicht in kriegerischem Elan, sondern aus Schwäche.“*

An der Wende vom ersten zum zweiten Jahrzehnt des neuen Jahrhunderts artikulierte sich immer mehr Unzufriedenheit in der Bevölkerung und das in einer Lautstärke, die den Kaiser und die Offiziere hätte alarmieren müssen, wenn jene sich nicht die Ohren zugehalten hätte. Die Kritik an der Person und der Politik Wilhelms II. brachte Axel von Varnbüler, der Gesandte Württembergs in Berlin, auf folgenden Nenner: *„Erst großes Gefallen an der mächtigen, Leben sprühenden Persönlichkeit, danach bittere Enttäuschung über das oberflächliche, dilettantenhafte, präpotente Wesen angesichts ernsterer Angelegenheiten und Lagen, was in förmliche Wut übergeht.“*

Von allen Seiten wurde Wilhelm II. kritisiert – von rechts, wo man mehr Führung forderte, und von links, wo man immer noch zuviel Führung konstatierte. Die Zahl der Royalisten nahm rapide ab und die Zahl der Demokraten deutlich zu. Die Reichstagswahlen 1912 schufen klare, für Wilhelm bestürzende Verhältnisse: Die Konservativen, immer noch die ergebendsten Gefolgsleute des Monarchen, mussten empfindliche Verluste hinnehmen. Die Fraktion der Deutschkonservativen schmolz von 60 auf 43 Mandate, die der Freikonservativen von 24 auf 14 Mandate. Das Zentrum fiel von 105 auf 91 Sitze zurück. Die Nationalliberalen zogen statt mit 54 nur noch mit 45 Abgeordneten in den Reichstag ein. Wahlsieger waren die Sozialdemokraten. Sie hielten nun 110 statt wie zuvor 43 Reichstagssitze inne. – Der Kaiser war wie vom Schlag gerührt. Er hielt die Sozialdemokraten nach wie vor für Revolutionäre, die zum letzten Gefecht angetreten waren.

Die Balkankrise

Gesundheitliche Probleme schufen weitere Probleme. Die Lähmung, die den Monarchen 1908 befallen hatte, war 1912 unheilbar geworden. Zudem lag Pulverdampf in der Luft. Der Verbündete Österreich-Ungarn ging daran, das Besatzungsrecht in Bosnien und der Herzegowina in Besitzrecht umzuwandeln. Die Serben waren drauf und dran, gegen die Habsburger zu marschieren, und der österreichische Generalstabchef Conrad von Hötzendorf war nicht abgeneigt, Serbien, das sich alle südslawischen Gebiete der Donaumonarchie einzuverleiben gedachte, in seine Schranken zu weisen. Belgrad konnte indessen nichts ohne seinen Protektor Petersburg unternehmen. Wien dagegen wollte Berlin an seine Seite zwingen.

Die Zwangslage, in die das Reich hineingeraten war, spiegelte sich in der Reaktion des Kaisers auf das Dilemma im Balkan wider. Einerseits war er verstimmt, dass Österreich ohne rechtzeitige und hinreichende Konsultationen seines Verbündeten gehandelt hatte. Andererseits stand der Hohenzoller in Nibelungentreue zu den Habsburgern. Er genehmigte eine diplomatische Intervention in Petersburg zugunsten

Wiens und billigte die folgenschwere Antwort des deutschen Generalstabschefs auf eine Anfrage seines K.u.K.-Kollegen: Falls Russland einen Krieg Österreich gegen Serbien zum Anlass nehme, den Krieg gegen Österreich-Ungarn zu beginnen, sei für das Deutsche Reich der Bündnisfall gegeben. Russland, das (noch) nicht kriegsbereit war, blieb nichts anderes übrig als einzulenken und die Serben zurück zu halten.

Wilhelm II. äußerte, er habe sich in *„schirmender Wehr"* neben Franz Joseph I. gestellt und dadurch einen friedlichen Sieg der Mittelmächte ermöglicht. Ebenso wenig wie seine Militärs und Diplomaten erkannte er, dass man sich in eine folgenschwere Zwickmühle manövriert hatte. Im Zweibund war Deutschland in den Sog der österreichischen Balkanambitionen geraten und trieb einem Konflikt mit Russland und dessen westlichen Partnern entgegen.

Die Dreier-Entente war keineswegs geschwächt, obwohl in der Annexionskrise weder Franzosen noch Engländer den Russen nicht beigesprungen waren. Sie waren eher gestärkt worden. Die Westmächte nahmen sich konkret vor, die mit ihr verbündete Ostmacht künftig nicht noch einmal im Stich zu lassen und dadurch den Mittelmächten zu einem billigen Triumph zu verhelfen. Und Russland, das Deutschland fortan in gleicher Feindseligkeit wie Österreich gegenüberstand, sann auf Vergeltung und rüstete für die Revanche. Daran vermochten auch Wilhelms Versuche nichts zu ändern, durch die Pflege verwandtschaftlicher Beziehungen mit Nikolaus II. zu einer Entspannung des deutsch-russischen Verhältnisses beizutragen.

„Panther-Sprung" nach Agadir

Schaden nahm das Reich auch in einer erneuten Marokko-Krise. Wieder hatte das Deutsche Reich Lust gespürt, mit den

Muskeln zu spielen und hatte das deutsche Kanonenboot „Panther" nach Agadir geschickt. Damit sollte den Franzosen die Krallen gezeigt werden. Die deutsche Außenpolitik pochte auf beträchtliche Kompensationen für das Stillhalten in Marokko, das von den Franzosen ausgebeutet wurde. Wilhelm ließ sich in diese Krise von der Politik hineinreden, statt seinem Kanzler auf die Finger zu klopfen.

Die Reaktion in Frankreich und England zeigte dem Monarchen, wie recht er gehabt hatte, vor solch martialischem Auftreten in dieser so wenig versprechenden Angelegenheit zu warnen. In Paris wurde die Trikolore geschwungen und die Marseillaise gesungen. Der englische und der französische Generalstab entwarfen gemeinsam Pläne für den Fall eines Krieges mit Deutschland, die von den beiden Regierungen bestätigt und bekräftigt wurden. Die Entente Cordiale, die durch den „Panther-Sprung" zerschlagen werden sollte, war zu einer veritablen, stabilen Verteidigungsallianz gewachsen.

Die Deutschen gaben kleinlaut bei und begnügten sich mit den wenigen Brocken, die Frankreich bot: Für die Anerkennung des französischen Protektorats über Marokko wurden ein paar Gebietsfetzen im französischen Äquatorial-Afrika zum Anstückeln an das deutsche Kamerun überlassen. Der Kaiser war froh, *„die elende Marokko-Affäre"* endlich zum Abschluss gebracht zu haben. Die Militärs aber grollten. Wenn die Führung nicht bereit sei, die von ihr aufgestellten Forderungen mit dem Schwert zu erzwingen, dann verzweifle er an der Zukunft des Reiches, drückte Generalstabschef Moltke die vorherrschende Meinung der Militärs aus. Andere, die den „Panther-Sprung" als vorbildliche Demonstration deutscher Macht gefeiert hatten, beklagten das Kleinbeigeben als Zeichen deutscher Schwäche.
Die sich andeutende Katastrophe des Ersten Weltkrieges hät-

te zu diesem Zeitpunkt vielleicht noch verhindert werden können, wenn Wilhelm auf das Angebot der Engländer eingegangen wäre, die Flottenrüstung im gegenseitigen Einvernehmen zu beschränken. Alarmiert durch eine deutsche Flottennovelle, die zusätzliche Schlachtschiffe vorsah, schickte die britische Regierung 1912 Lordkanzler Haldane zu Verhandlungen nach Berlin. Seine Mission aber scheiterte. Wilhelm war nicht bereit, auf weitere deutsche Dreadnoughts zu verzichten oder wenigstens das Bautempo zu verlangsamen – auch nicht um den Preis eines politischen Abkommens, den Bethmann Hollweg dafür von den Engländern fordern wollte. Europa rollte unaufhaltsam auf die ganz große Katastrophe zu.

Der große Rüstungswettlauf

1913 wurde mit viel Pomp und Tamtam eines Krieges gedacht, der 100 Jahre zuvor stattgefunden und mit einem Sieg Preußens geendet hatte: des Kampfes gegen Napoleon I. Am 16. Oktober wurde dafür das Völkerschlachtdenkmal bei Leipzig eingeweiht. Mächtig und wuchtig solle es unübersehbar an den Sieg über den damaligen Feind erinnern und die Feinde von heute nachdrücklich mahnen: Deutschland stehe so unübertrefflich und unüberwindlich da wie der Granitturm auf dem Schlachtfeld von gestern.

Wie 1813 galt Frankreich auch 1913 als Erzfeind. Aber von den damaligen Verbündeten gegen Frankreich war Preußen-Deutschland nur Österreich-Ungarn geblieben. Die anderen Alliierten, Russland und England, waren auf die Seite der Franzosen gewechselt, hatten sich in die gegnerische Front eingereiht. Die Rüstungsanstrengungen, die sie unternahmen, ließen Wilhelm daran zweifeln, dass es ihnen nur um die Errichtung eines Verteidigungsringes um die Mittelmächte ging.

Mehr und mehr gelangte Wilhelm II. zu der Überzeugung, dass es sich bei den Rüstungsbemühungen der Gegenseite um Vorbereitungen für einen Angriffskrieg handele. *„Ich als Militär hege nach allen meinen Nachrichten nicht den allergeringsten Zweifel, daß Russland den Krieg systematisch gegen uns vorbereitet, und danach führe ich meine Politik“*, schrieb er an den Rand eines Botschafterberichtes aus Petersburg. Er hatte mit dieser Einschätzung nicht ganz Unrecht. Der Rüstungswettlauf, den die Militärs auf beiden Seiten begonnen hatten und dessen Tempo sich fast automatisch steigerte, schien sich unaufhaltsam dem Ziele zu nähern, das die Rüstungsplaner stets im Visier hatten: einen großen, entscheidenden Krieg in Europa.

Es wurde allenthalben weiter und immer schneller aufgerüstet. Angesichts der Balkankrise gingen die Mächte, die sich in diesem Konflikt gegenüber standen, mit schlechtem Beispiel voran: Russland erhöhte 1913 seine so genannte Friedenspräsenzstärke, die eigentlich eine Kriegsbereitschaftsstärke war, von 1,2 auf 1,42 Millionen Mann. Bis 1917 sollten sogar 1,8 Millionen Landsoldaten in Russland unter Waffen stehen. Österreich-Ungarn versuchte da wenigstens einigermaßen mitzuziehen: Die Truppenstärke stieg hier von 385.000 auf 470.000 Mann. Frankreich, das die russische Aufrüstung mit einer neuen Anleihe unterstützte, beschloss 1913 die dreijährige Dienstzeit im Militär und berief zwei Rekrutenjahrgänge auf einmal ein. So wurde die Präsenzstärke des französischen Landheeres auf 750.000 Mann erhöht.

Diese Aufstockung der Mannstärke war die französische Antwort auf die deutsche Heeresverstärkung, die ihrerseits eine Antwort auf die russische Heeresaufstockung gewesen war. Der so genannte „Kriegsrat“ im Dezember 1912 hatte zwar keinen strategischen Kriegsplan, aber eine neue Aufrüstungswelle gebracht. Die Wehrvorlage von 1913 sah bis 1915 eine Verstärkung der Landstreitmacht um 136.000 Mann vor; im Frühjahr 1914 war eine Präsenzstärke von 748.000 Mann erreicht.

Der Generalstab wollte eigentlich noch mehr Pflichtsoldaten haben, aber der preußische Kriegsminister bremste: Es fehle einfach an den dafür erforderlichen Ausbildern, Unteroffizieren und Offizieren. Und im Reichstag wurden die Kosten der Heeresvermehrung kritisiert. Zwar waren die jährlichen Rüstungsausgaben in Deutschland mit 21,17 Mark pro Kopf der Bevölkerung niedriger als mit 27,08 Mark in Frankreich und 32,18 Mark in England. Doch angesichts der defizitären Reichskasse meinten selbst regierungsfreundliche Abgeordnete, die Vorlage genauestens prüfen zu müssen.

„Je eher solche Halunken an die Luft gesetzt werden, um so besser! Der deutsche Parlamentarier und Politiker wird eben mit der Zeit ein Schwein“, machte Wilhelm in einem Telegramm an den Reichskanzler seinem Unmut über die pingeligen Parlamentarier Luft. Die Reichstagsmehrheit tat dann auch brav ihre Pflicht und Schuldigkeit, genehmigte die Mittel für die Heeresvermehrung und beschloss eine einmalige Ergänzungsabgabe für höhere Vermögen und Einkommen sowie eine Vermögenszuwachssteuer. So bekam Deutschland eine Armee, von der Wilhelm sagte, *„daß sie ein Instrument darstellte, das seinesgleichen nicht gehabt hat.“*

1913 fand die letzte Herbstparade auf dem Tempelhofer Feld und in Schlesien das letzte Kaisermanöver statt. Noch immer traf zu, was Generalstabschef Graf Waldersee 1890 in sein Tagebuch geschrieben hatte: *„Im vorigen Jahr ging alles noch weit besser. Jetzt ist die Sicherheit gewachsen, aber* *auch die Überschätzung der eigenen Fähigkeiten. (…) Der Kaiser ist außerordentlich unruhig, jagt hin und her, ist viel zu weit vorn in der Gefechtslinie, greift in die Führung der Generäle ein, gibt zahllose, sich oft widersprechende Befehle und hört kaum auf seine Ratgeber. Er wünscht immer zu siegen und nimmt daher eine gegen ihn auffallende Entscheidung des Schiedsrichters übel. Das sollte ich erfahren, als ich auf diesen Wunsch keine Rücksicht nahm. (…) Seine Disposition war entschieden schlecht, schon am Abend vorher sah man, daß es eine für ihn verlorene Schlacht geben würde. Bezeichnenderweise herrschte darüber bei Fürstlichkeiten und Gefolge allgemeine Befriedigung. (…) Wollte er im Kriege das Kommando führen, nicht bloß formell wie sein Vater und Großvater, es gäbe ein Unglück.“*

Schon sprach Wilhelm von der Unausweichlichkeit eines großen Rassenkrieges: *„Der Kampf zwischen Slawen und Germanen ist nicht mehr zu umgehen, er kommt sicher. Wann? Das findet sich.“* Dann wieder verwies er auf die Notwendigkeit, den Russen, die in einigen Jahren übermächtig sein würden, mit einem Präventivkrieg zuvor zu kommen. Da immer noch der Schlieffenplan des Generalstabs gelte, bedeute dies, zuerst und bald Frankreich anzugreifen, damit man sich danach und nicht zu spät gegen Russland wenden könne.

Einmal zeigte sich Wilhelm besorgt, dass Deutschland durch einen Krieg Österreich-Ungarns gegen Serbien in einen Krieg mit Russland hinein gezogen würde. Ein andermal ermunterte er Generalstabschef Conrad von Hötzendorf, das Haupt der Kriegspartei in Wien: *„In ein paar Tagen müsst Ihr in Belgrad stehen. Ich war stets ein Anhänger des Friedens: aber das hat seine Grenzen. Ich habe viel über den Krieg gelesen und weiß, was er bedeutet. Aber endlich* *kommt die Lage, in der eine Großmacht nicht länger zusehen kann, sondern zum Schwert greifen muss.“*

Wenn es brenzlig wurde, ließ er das Schwert aber lieber in der Scheide. *„Es handelt sich um unser Ansehen in der Welt, gegen das von allen Seiten gehetzt wird! Also Nacken steif und Hand ans Schwert“*, tönte er, als die Russen Miene machten, die Entsendung einer deutschen Militärmission in die Türkei mit Krieg zu beantworten. Wilhelm grollte, aber lenkte ein, verzichtete auf die deutsche Kommandogewalt über türkische Truppen. Wilhelm II. sei *„groß in Worten, schlapp in Taten“* hatte General Lyncker, der Chef seines Militärkabinetts, erkannt.

Das Attentat von Sarajewo

Auch im Jahre 1914 wollte Wilhelm nicht von seinen gewohnten Reisegewohnheiten ablassen. Ihre Regelmäßigkeit festigte die Selbsttäuschung des Kaisers, dass er immer so weitermachen könnte wie bisher. Während Nikolaus II. angesichts der heraufziehenden Konflikte zu Hause blieb, beharrte Wilhelm II. darauf, einen Besuch seiner neuen Residenz auf Korfu zu unternehmen und danach wie jedes Jahr die Kieler Woche zu besuchen und von dort zur üblichen Nordland-Reise aufzubrechen.

Die Kieler Woche wurde ihm durch eine Depesche verdorben, die ihn auf seiner Segeljacht „Meteor“ erreichte, als er auf ihr an einer Regatta teilnahm: die Vermeldete die Ermordung des österreichisch-ungarischen Thronfolgers Franz Ferdinand und seiner Gemahlin durch einen serbischen Nationalisten in Sarajewo. Der 28. Juni 1914, ein Sonntag, der für ihn so strahlend begonnen hatte, wurde urplötzlich durch unheilvolle Wolken verdüstert. Mit dem serbischen Nationalismus triumphierte der Panslawismus, und als Widerhall erschallte deutscher Nationalismus und französischer Chauvinismus. Die europäischen Mächte, deren Staatsräson durch die Volksemotion übertönt wurde, gingen fortan konsequent auf Konfrontationskurs.

Wilhelm verließ Kiel und begab sich nach Potsdam. Dort traf er auf eine Regierung, die wie er unschlüssig war, welcher Kurs in den vom Sturmwind aus Sarajewo aufgewühlten europäischen Gewässern einzuschlagen wäre. Zunächst neigte Bethmann Hollweg dazu, Österreich-Ungarn von einem Angriff auf Serbien zurückzuhalten. Nach wie vor dachte der Kanzler daran, im Zusammenspiel mit England ein Eingreifen Russlands und damit Frankreichs zu verhindern. Ein Krieg zwischen Österreich-Ungarn und Serbien, wenn er schon nicht zu vermeiden wäre, könnte so womöglich als lokaler Konflikt ausgefochten werden.

Doch die Krise eskalierte. Die Militärs glaubten, durch einen sofortigen Präventivkrieg einem in Bälde zu erwartenden Angriff der Feinde zuvor kommen zu müssen. Der noch schwankende Kaiser schwenkte bald auf diese Linie ein und bald auf die Gegenseite. Bereits in den ersten Julitagen bemerkte Wilhelm II. am Rande eines Berichtes des deutschen Botschafters in Wien, der nach Sarajewo den Österreichern Zurückhaltung gegenüber Serbien angeraten hatte: „*Wer hat ihn dazu ermächtigt? Das ist sehr dumm! Geht ihn gar nichts an, da es lediglich Österreichs Sache ist, was es hierauf zu tun gedenkt. Nachher heißt es dann, wenn es schief geht, Deutschland hat nicht gewollt. Tschirschky soll den Unsinn gefälligst lassen! Mit den Serben muß aufgeräumt werden, und zwar bald!*“
Auch in Österreich schob die Kriegspartei ihren Kaiser vor. Der 84-jährige Franz Joseph I. fühlte sich persönlich eigentlich viel zu alt und zu müde, um einen Krieg zu beginnen und

sich davon noch etwas zu versprechen. Aber er unterschrieb dann doch einen Brief, den ihm das kriegseifrige Militär aufgesetzt hatte, und den der österreichisch-ungarische Botschafter in Berlin am 5. Juli 1914 dem Deutschen Kaiser beim Lunch im Neuen Palais in Potsdam übergab.

Hinter dem Anschlag in Sarajewo, hieß es in der Depeche, stecke die vom russischen Panslawismus gedeckte Politik Belgrads, die *„auf die Vereinigung aller Südslawen unter serbischer Flagge"* gerichtet sei. *„Die Andauer dieses Zustandes"* gefährde mit der Donaumonarchie auch das mit ihr verbündete Deutschland. Deshalb müsse Serbien als politischer und propagandistischer Faktor des Panslawismus auf dem Balkan ausgeschaltet werden. – Wie dies geschehen könnte, war im Schreiben Franz Josephs offen geblieben. Es war aber klar, dass Österreich-Ungarn vom deutschen Bündnispartner Rückendeckung erwartete.

Dies könnte zu europäischen Verwicklungen führen, bedeutete Wilhelm II. dem Botschafter, und deshalb müsse er eine Antwort mit dem Reichskanzler beraten. Doch László Szögyény-Marich, den Wilhelm „den Zigeuner" nannte, verstand es, ihm Äußerungen zu entlocken, die in Wien für bare Münze genommen wurden. Der Deutsche Kaiser – hieß es im Bericht des Botschafters – habe zugesichert, der Kaiser von Österreich könne bei einer Aktion gegen Serbien selbst im Falle einer *„ernsten europäischen Komplikation"* auf volle deutsche Unterstützung rechnen. Nach Wilhelm II. Meinung, so Szögyény-Marich, dürfe eine solche Aktion nicht aufgeschoben werden. *„Russlands Haltung werde jedenfalls feindselig sein, doch sei er hierauf schon seit Jahren vorbereitet, und sollte es zu einem Krieg zwischen Österreich-Ungarn und Russland kommen, so können wir davon überzeugt sein, daß Deutschland in gewohnter Bundestreue an unserer Seite stehen werde."*

Blankoscheck für Wien

Diesen Blankoscheck hätte man in Wien vielleicht nicht so hoch bewertet, wenn er nicht vom Reichskanzler Bethmann Hollweg gedeckt worden wäre. Er war Bestandteil einer Krisenstrategie, die darauf zielte, dass durch einen Blitzkrieg Österreichs gegen Serbien Tatsachen geschaffen werden würden, die Frankreich und England hinnehmen und Russland isolieren würden. Sicher war sich der Kanzler nicht, doch er nahm das Risiko in Kauf: „*Eine Aktion gegen Serbien kann zum Weltkrieg führen.*"

Die Österreicher legten aber nun nicht so schnell los und so trat der Kaiser am Nachmittag des 6. Juli seine alljährliche Nordland-Reise an. Bethmann Hollweg hielt ihn nicht zurück, riet ihm sogar zu. Wenn der Kaiser in Ferien ginge und Erholung suche, würde dies der Entspannung dienen, meinte der Kanzler und verschwieg, dass dies nicht zuletzt auch zu seiner eigenen Beruhigung beitrug. Denn er wollte sich die komplizierter werdenden Kreise seiner Krisenstrategie nicht auch noch durch spontanes Dazwischenreden und impulsive Eingreifversuche des Monarchen stören lassen. Und die Kriegsbereiten wollten ihn fern von Berlin, am Nordkap sehen, weil sie befürchteten, dass er, wenn es zum Kriegsschwur käme, ihnen in den Arm fallen würde.

Wilhelm war es nicht unangenehm, die Entwicklung der Dinge aus der Ferne zu betrachten, aus der sie weniger dramatisch erschienen, als wenn er sie aus der Nähe hätte erleben müssen. Auf jeden Fall könnte er immer darauf verweisen, dass er an all dem, was in Berlin ausgeheckt wurde, nicht unmittelbar beteiligt gewesen wäre. Er sei „*vom Auswärtigen Amt nur spärlich mit Nachrichten versehen worden*", sei hauptsächlich auf die norwegische Presse angewiesen gewesen, behauptete er dann auch hinterher. Aber die drahtlose Nachrichtenübermittlung war längst erfunden.

Berlin teilte ihm freilich wirklich nicht alles und auch nicht sofort mit. So erfuhr der Kaiser erst am Morgen des 25. Juli auf seiner „Hohenzollern“ den Wortlaut des österreichischen Ultimatums an Serbien, das bereits am 23. Juli gestellt worden war. Die „Begehrnote“, wie sie in Wien genannt wurde, verlangte eine Entschuldigung für Sarajewo, Verfahren gegen die Schuldigen, die Einstellung der panslawischen Agitation und die Mitwirkung österreichisch-ungarischer Organe an der *„Unterdrückung der gegen die territoriale Integrität der Monarchie gerichteten subversiven Bewegung“*. Österreich forderte also ein umfassendes Nachgeben Serbiens, das einer Ergebung gleich gekommen wäre.

„Was, das ist doch einmal eine forsche Note“, kommentierte Wilhelm II. das Ultimatum. Das sei die Sprache, die man gegenüber einer *„Räuberbande, die für Verbrechen gefasst werden muß“*, anschlagen müsse, meinte er. Er hoffte wohl wirklich, dass Serbien einlenken würde und so Österreich-Ungarn keinen Krieg beginnen müsste. Aber noch am selben Tag wurde er von der Nachricht überrascht, dass Russland bei einem Einmarsch der Österreicher in Serbien nicht untätig bleiben würde. An diesem 25. Juli 1914 hatte der russische Kronrat entschieden, *„Serbien zu unterstützen, auch wenn man dazu die Mobilmachung erklären und Kriegshandlungen beginnen müsse.“* Mit dieser Erklärung als Rükkendeckung kam Belgrad auf das auf 48 Stunden befristete Ultimatum Wiens nur teilweise entgegen, es war nicht bereit alle Forderungen zu erfüllen. Noch am selben Abend brach Österreich-Ungarn die Beziehungen zu Serbien ab – beide Staaten mobilisierten.

Obwohl er noch nicht über alles und nicht im Einzelnen unterrichtet war, trat Wilhelm noch am 25. Juli die Rückreise an. Bethmann Hollweg riet ab. *„Das wird immer toller"*, bemerkte Wilhelm, *„jetzt schreibt mir der Mann sogar vor, daß ich Mich Meinem Volke nicht zeigen darf!"* Am 27. Juli traf der Kaiser in Potsdam ein und schickte sich an, dem Lenker der Politik in die Zügel zu fallen.

Vorsichtshalber gab man ihm wichtige Akten überhaupt nicht oder mit Verspätung zu lesen. Die serbische Antwortnote auf das österreichisch-ungarische Ultimatum, die den Forderungen teilweise entgegen kam, bekam Wilhelm erst am Morgen des 28. Juli zu Gesicht, als Wien die Beziehungen zu Belgrad bereits abgebrochen hatte und auf beiden Seiten mit der Mobilmachung begonnen worden war. *„Das ist mehr, als man erwarten konnte"*, kommentierte er, *„damit fällt jeder Kriegsgrund fort."* Aber noch am selben Tage erklärte Österreich-Ungarn den Krieg an Serbien.

Wenn sie schon marschierten, sollten sie wenigstens *„Halt in Belgrad"* machen, meinte Wilhelm, dessen Zwischenrufe in Berlin nicht beachtet und in Wien nicht befolgt wurden. Der Kanzler verzögerte die Übermittlung der Anregung des Kaisers, die Österreicher begannen mit dem Bombardement von Belgrad.

Beim Zaren schienen Wilhelms Vermittlungswünsche mehr Gehör zu finden: Jedenfalls nahm er nach Erhalt eines Telegramms des Kaisers in der Nacht vom 29. zum 30. Juli den am Tage ergangenen Befehl zur allgemeinen Mobilmachung zurück; nur für vier an Österreich-Ungarn angrenzende Militärbezirke wurde eine Teilmobilmachung angeordnet. Der Kaiser war vom Kanzler zu dieser telegraphischen Intervention veranlasst worden. Bethmann Hollweg hatte erkennen müssen, dass sein Krisenmanagement gescheitert war.

Die letzte Hoffnung, den drohenden Weltkrieg noch aufhalten zu können, wurde auf England gesetzt. Nachdem der Zar von seiner Regierung gedrängt worden war, am 30. Juli doch die Vollmobilmachung anzuordnen, beklagte sich Wilhelm II. bei George V. von England: „*Er hat nicht einmal die Ergebnisse der Vermittlung abgewartet, an der ich arbeite.*“

Doch die Vermittlungen waren bereits gescheitert, ehe sie noch recht begonnen hatten. Die Österreicher waren nicht mehr zu bremsen, die Russen standen Gewehr bei Fuß und die Allianzautomatik, die Deutschland in Österreichs Angelegenheiten verwickelt hatte, drängte Frankreich und schließlich auch England an die Seite Russlands.

In der Nacht vom 30. auf den 31. Juli machte Wilhelm die Randbemerkung, nun sei ihm klar: „*Leichtsinn und Schwäche*“ – selbstredend die der anderen – „*sollen die Welt in den furchtbarsten Krieg stürzen, der auf den Untergang Deutschlands schließlich abzielt. Denn das läßt jetzt für mich keinen Zweifel mehr zu: England, Russland und Frankreich haben sich verabredet – unter Zugrundelegung des casus foederis für uns Österreich gegenüber – den östereichisch-serbischen Konflikt zum Vorwand nehmend gegen uns den Vernichtungskrieg zu führen.*“

Die „*Einkreisung*“, von Eduard VII. begonnen, ziehe sich jetzt um Deutschland lebensgefährlich zusammen. „*Und da hat es Leute gegeben, die geglaubt haben, man könnte England gewinnen oder beruhigen*“, bemerkte Wilhelm, in erster Linie auf Bethmann Hollweg gemünzt. Der hatte bis zuletzt geglaubt, England aus dem Feindverband heraus halten zu können, der nun von der Einkreisung zur Umzingelung überging.

Der Kaiser meinte jedenfalls, vom Kanzler übertölpelt worden zu sein. Bethmann Hollweg wiederum sah sich von der Militärmaschine überfahren, die sich selbstständig gemacht und sich eigengesetzlich in Bewegung gesetzt hatte. Die russische Mobilmachung löste fast automatisch die gleichzeitige deutsche Mobilmachung aus. Die Kriegspläne traten gleichsam selbstständig in Kraft. Unter Umgehung des Kanzlers wie des Kaisers forderte der deutsche Generalstabschef Moltke den österreichischen Generalstabschef Conrad von Hötzendorf auf, nun auch gegen Russland mobil zu machen, und kündigte die Mobilmachung der deutschen Streitmacht an. Deutschland sollte – gemäß dem Schlieffenplan – zunächst gegen Frankreich kämpfen, während Österreich-Ungarn die russische Dampfwalze aufzuhalten hätte.

Die Kriegsmaschinerie war nicht mehr aufzuhalten. Schon gar nicht durch die Ultimaten, die Bethmann Hollweg am 31. Juli stellte. Sie dienten wohl eher zur Beruhigung seines Gewissens, er erwartete nicht ernstlich, dass sie angenommen würden: Russland wurde die deutsche Mobilmachung angedroht, wenn es nicht binnen zwölf Stunden seine eigene rükkgängig mache. Petersburg ersparte sich eine Antwort. Frankreich wurde aufgefordert, binnen 18 Stunden zu erklären, ob es im Falle eines Krieges zwischen Russland und Deutschland neutral bleiben würde. Das war nicht anzunehmen, denn Frankreich war genau so an seine Allianz mit Russland wie Deutschland an seine mit Österreich-Ungarn gebunden.
Dem Kaiser blieb nichts anderes mehr übrig, als am 1. August 1914 den Mobilmachungsbefehl und die Kriegserklärung an Russland und am 3. August die Kriegserklärung an Frankreich zu unterzeichnen. Am selben Tag marschierten deutsche Truppen gemäß dem Schlieffenplans im neutralen Belgien ein. Am nächsten Tag trat England an der Seite seiner Alliierten in den Krieg ein.

Der 1. Weltkrieg

Der Eintritt Englands in den Krieg war für Wilhelm, den Enkel der Queen Victoria, der schwerste Schlag. England gab vor, Frankreich wegen Aufrechterhaltung der Balance of Power in Europa helfen zu müssen. In Wirklichkeit, meinte Wilhelm, wolle es Deutschland vernichten. Jetzt müsse, so äußerte er sich, Albions *„pharisäische Friedensheuchelei an den Pranger gestellt werden! Und unsere Konsuln in Türkei und Indien, Agenten etc. müssen die ganze mohammedanische Welt gegen dieses verhaßte, verlogene, gewissenlose Krämervolk zum wilden Aufstande entflammen; denn, wenn wir uns verbluten sollen, dann soll England wenigstens Indien verlieren."*

Derartige Ausbrüche des Kaisers waren nicht dazu angetan, ihn in der Stunde der Gefahr das politische Ruder oder ihm gar die militärische Führung zu überlassen. Aber er hatte nun eine Rolle zu spielen, die ihm wie auf den Leib geschrieben war: als Symbolgestalt eines kriegerischen Reiches sowie als Integrationsfigur einer herausgeforderten Nation. *„Ein einzig Volk von Brüdern"* sollte er zum Kampfe aufrufen und ihm Siegesgewissheit einreden.

Am 1. August 1914, gegen 18 Uhr 30, erschien Wilhelm II., von Hurrarufen der vor dem Schloss versammelten Menschenmenge begrüßt, am mittleren Fenster des ersten Stokkwerks und sprach die historisch gewordenen Worte: *„In dem jetzt bevorstehenden Kampfe kenne Ich in Meinem Volke keine Parteien mehr. Es gibt unter uns nur noch Deutsche."*

„Wir wollen den Kaiser sehen", hatten die Untertanen gerufen, und als er gesprochen hatte, brach ein ungeheurer Jubel

los. Die Menschen glaubten, im Kaiser den Obersten Kriegsherren vor sich zu haben, der sie tapfer in den Kampf und tatkräftig zum Siege führen würde. „*Heil dem Kaiser!*“ wurde gerufen und schon jetzt „*Heil Dir im Siegerkranz!*“ gesungen. Die Soldaten, die in diesen Augusttagen in den Krieg zogen, gingen davon aus, im Herbst wieder lorbeergeschmückt heimzukehren. Selbst Volksvertreter, die dem wilhelminischen System feindlich gegenüber standen, scharten sich nun um den Monarchen, der den Kriegswillen und die Siegeszuversicht des ganzen Volkes zu verkörpern schien.

Die Parlamentarier empfing der Kaiser voller Großmut, wie verloren geglaubte, endlich heimgekehrte Söhne: „*Und welche von den Parteien auch im Laufe des Meinungskampfes sich gegen mich gewandt haben sollten, Ich verzeihe ihnen allen.*“, hatte er schon am 1. August zum Volke vor dem Schloss gesagt. Das wiederholte er, den Helm auf dem Haupte, am 4. August vor den im Weißen Saal des Schlosses versammelten Volksvertretern: „*Ich kenne keine Partei mehr, ich kenne nur Deutsche.*“ Und er forderte die Reichstagsabgeordneten auf: „*Zum Zeichen dessen, daß sie fest entschlossen sind, ohne Parteiunterschiede, ohne Stammesunterschiede, ohne Konfessionsunterschiede durchzuhalten mit Mir durch dick und dünn, durch Not und Tod, fordere Ich die Vorstände der Parteien auf, vorzutreten und Mir das in die Hand zu geloben.*“
„*Die Parteiführer kamen dieser Aufforderung nach unter stürmischem, andauerndem Bravo*“, vermerkte das Protokoll. „*Während Seine Majestät, nach allen Seiten mit Dank grüßend und vielen Abgeordneten huldvoll die Hand reichend, den Saal verließen, ertönten fortgesetzte brausende Hurrarufe.*“ Auch die sozialdemokratische Reichstagsfraktion, die bis zuletzt ihren Friedenswillen demonstriert hatte, reihte sich in die Reichsfront ein. Sie billigte die Kriegskre-

dite und stimmte der Erklärung des Kaisers zu: Die Kriegsursache sei *„das Ergebnis eines seit langen Jahren tätigen Übelwollens gegen Macht und Gedeihen des Deutschen Reichs"*, und so seien die Deutschen gezwungen worden, „in aufgedrungener Notwehr mit reinem Gewissen und reiner Hand" zum Schwert zu greifen.

Die Deutschen meinten, in einen aufgezwungenen Nationalkrieg zu ziehen und nicht in einen mutwillig vom Zaun gebrochenen Dynastenkrieg. Von einem Kulturkrieg war in der „Erklärung der Hochschullehrer des Deutschen Reiches" die Rede: *„Jetzt steht unser Heer im Kampfe für Deutschlands Freiheit und damit für alle Güter des Friedens und der Gesittung nicht nur in Deutschland. Unser Glaube ist, dass für die ganze Kultur Europas das Heil an dem Siege hängt, den der deutsche Militarismus erkämpfen wird."*

In Berlin kommentierte der französische Botschafter, unter dessen Fenstern am Pariser Platz kriegsbegeisterte Deutsche vorbei zogen, die Situation im Gespräch mit seinem englischen Kollegen: *„Es gibt heute Abend in Berlin drei Leute, die bedauern, dass der Krieg ausgebrochen ist: „Sie, ich und Kaiser Wilhelm."*

In der Tat: Wilhelm II., der vor seinem Volk als Oberster Kriegsherr posierte und dafür Beifall bekommen hatte, wie schon lange nicht mehr, den er als Zustimmung zum Monarchen und zur Monarchie quittierte, war nach der Kriegsproklamation in Depression verfallen. Erinnerte er sich vielleicht daran, was er am 15. Mai 1890 in Königsberg gesagt hatte: *„Ich habe das Gefühl, daß denjenigen, die den Frieden umzustoßen wagen sollten, eine Lehre nicht erspart bleiben wird, welche sie in 100 Jahren nicht vergessen werden."* Nun war es so weit und Wilhelm stand am Rande des Abgrundes. Dorthin hatte er sich nicht ganz freiwillig begeben, in diese Situation war er eher genötigt worden.

Die fürchterlichen Ereignisse der zurück liegenden 14 Tage hätten ihn sehr mitgenommen, gestand Wilhelm seinem Exkanzler Bülow, der ihm dies auch ansah: *„Ich war bis ins Innerste ergriffen, als ich sein bleiches, erschrockenes, ich möchte sagen verstörtes Antlitz erblickte. Er sah erregt und doch abgespannt aus. Die Augen flackerten unruhig. Er schien mir um zehn Jahre gealtert.“*

Wilhelm war es schon gleich zu Beginn des Völkerringens nicht nur ein politisches, sondern ein besonderes persönliches Anliegen, jede Schuld am Weltkrieg von sich zu weisen. *„Seit der Reichsgründung ist es durch 43 Jahre Mein und Meiner Vorfahren heißes Bemühen gewesen, der Welt den Frieden zu erhalten und in Frieden unsere kraftvolle Entwicklung zu fördern“*, erklärte er am 6. August 1914. Nach dem bitteren Ende, das Deutschland die Niederlage und ihm das Ende des Kaiserreichs brachte, wusch er wie einst Pontius Pilatus seine Hände in Unschuld: *„Nicht Deutschland, sondern der Feindbund“* habe *„den Krieg planmäßig vorbereitet und absichtlich herbei geführt.“* Im Übrigen sei damals nicht der Kaiser, sondern der Reichskanzler Bethmann Hollweg für die Reichspolitik verantwortlich gewesen.
Nach dem Krieg erwähnte er nicht mehr sein „persönliches Regiment“. Und das war freilich auch wirklich seit geraumer Zeit nur noch Fassade gewesen, hinter der andere agierten. Er gestand sich nicht ein, dass er die Engländer durch seinen Schlachtflottenbau, die Franzosen durch seine Heeresverstärkung und die Russen durch seine Nibelungentreue zu den Österreichern herausgefordert hatte. Und er bedachte nicht, dass seine nationalistischen Töne als Kriegstreiberei

verstanden wurden. *„Er wollte nie den Krieg, sein Ideal wären weitere Kaisermanöver geblieben, bei denen er möglichst als siegreicher Führer auftreten und schwungvolle Kritiken hätte halten können"*, erklärte später sein Adjutant Ilsemann, der das Exil mit ihm teilte. *„Aber den Ernst des Krieges, nein, den wollte er ganz gewiß nicht."*

Das große Sterben

„Wir wollen siegen, und wir müssen siegen", rief Wilhelm II. am 27. August 1914 den Soldaten zu, die vor ihm im Großen Hauptquartier zu Koblenz paradierten. Der Vormarsch im Westen ging zügig voran: Lüttich war erobert, Brüssel besetzt, in Lothringen wurden die Franzosen zurück geworfen, die Deutschen marschierten auf Verdun. *„Viele unserer Kameraden sind bereits im Kampfe gefallen"*, gestand der Kaiser ein. *„Wir haben noch manch blutige Schlacht vor uns."*

Jahrzehntelang hatte der Kaiser den Krieg glorifiziert, noch vor wenigen Wochen Kriegsbegeisterung entflammt und Mars als den Vater aller großen und guten Dinge beschworen. Kaum aber hatte der Kampf begonnen, wurden die Schrecken auch für ihn offenbar. Noch wurden sie durch Siegesmeldungen verdrängt, doch schon begannen sich in die Triumphreden erste Durchhalteparolen zu mischen. *„Wir lassen nicht nach und werden dem Feinde ans Leder gehen. Wir verlieren nicht die Zuversicht im Vertrauen auf unseren guten alten Gott dort droben"*, tönte Wilhelm und versuchte damit auch seine eigenen Besorgnisse zu übertönen.

Als Deutscher Kaiser wurde er weiterhin gebraucht, um Kriegsparolen auszugeben. Auf ihn wurde an der Front wie in der Heimat gehört. Man brauchte ihn als Obersten

Kriegsherren, zu dem die in den Kampf ziehenden Truppen aufblicken konnten. Führen aber sollte und durfte er nicht. Das besorgten die Militärs, die ihren „Oberfeldherrn" im Großen Hauptquartier quasi als Maskottchen mitlaufen ließen.

Der Generalstab leitete die Operationen und *„der Generalstab sagt mir gar nichts und fragt mich auch nicht"* klagte der Kaiser bereits im November 1914 dem Prinzen Max von Baden. *„Wenn man sich in Deutschland einbildet, daß ich das Heer führe, so irrt man sich sehr. Ich trinke Tee und säge Holz und gehe spazieren und dann erfahre ich von Zeit zu Zeit, das und das ist gemacht, ganz wie es den Herren beliebt."*

Die Militärs glaubten gute Gründe zu haben, warum sie Wilhelm nur für Fotografen an den Kartentisch ließen. Sie wussten, dass es ihm nicht nur an Befähigung, sondern auch am Willen fehlte, Entscheidungen in einem Krieg entschlossen und erfolgversprechend zu fällen, den er im Grunde nicht gewollt hatte. Sie wussten um sein schwaches Nervenkostüm und sein ungenügendes Stehvermögen, das er mit schneidigen Auftritten zu kaschieren versucht hatte. Ein Arzt erwähnte sogar die Möglichkeit eines *„völligen Zusammenbruches des nervös verbrauchten Mannes"*, von dem *„wir uns alle vor dem Krieg eine falsche Vorstellung gemacht haben."*
Aber an forschen Sprüchen ließ es der Kaiser im Krieg nie fehlen. Dazu ermunterte ihn seine unmittelbare Umgebung, die ihre Aufgabe darin sah, mit allen Mitteln die Stimmung des Kaisers hochzuhalten. Auf Siegesmeldungen wurde angestoßen, und in Champagnerlaune fiel manches unbedachte, unverzeihliche Wort. Bei schlechten Nachrichten, die man ihm ohnehin nur dosiert zu servieren wagte, verfiel Wilhelm stets in schlimmste Katerstimmung.

Nach einem preußischen Gesetz von 1852 ging 1914 die Exekutive von den Zivilbehörden auf die Militärorgane über. *„Politik hält im Kriege den Mund, bis Strategie ihr das Reden wieder gestattet"*, erklärte Wilhelm. In der Theorie verfügte der Kaiser und König über beide Gewalten. In der Praxis hatte er schon im Frieden die militärische Macht für wichtiger gehalten. Im Kriege musste er es nun erleben, dass auch sie ihm aus der Hand genommen wurde, weil er deren Anforderungen nicht genügte.

Wie es in Preußen Brauch war, zog Wilhelm II. mit seinen Soldaten ins Feld. Aber im Gegensatz zu Friedrich dem Großen und noch Wilhelm I. führte er sie nicht. Noch sein Großvater hatte – 1866 und 1870/71 – das militärische Hauptquartier zur Staatszentrale erhoben. Wilhelm I. hatte die Operationen verantwortet, freilich von Generalstabschef Moltke und Kriegsminister Roon angeleitet.

Der in Kürassieruniform mitgeführte Zivilist Bismarck hatte sich mitunter gegen den Primat des Militärischen aufgebäumt – aber vergebens. Bethmann Hollweg zeigte sich dagegen handsam und konnte deshalb nach Berlin entlassen werden. Wilhelm II., der nominelle Oberfeldherr, musste im Hauptquartier bleiben, weil man ihn für die nötigen Unterschriften brauchte.
Aber die Kriegsführung war komplizierter geworden als in den letzten beiden Feldzügen. Das zeigte sich schon bei der Frage, wohin man das Hauptquartier verlegen sollte, denn man hatte zwei Fronten zu berücksichtigen. Die Frage nach der Ortswahl wurde gemäß dem Schlieffenplan beantwortet, der zunächst eine möglichst rasche Entscheidung im Westen suchte.

Während es in Frankreich planmäßig voran ging, verlief es

im Osten nicht wie vorgesehen. Die Österreicher konnten die Russen nicht aufhalten, wurden in Galizien zurück geworfen. In Ostpreußen wichen die deutschen Verteidiger der russischen Übermacht; die Kosaken bestätigten ihren zweifelhaften Ruf, indem sie die Kampfhandlungen auch auf die Zivilbevölkerung ausdehnten.

Da orientierten sich die Generäle Paul von Beneckendorff, Paul von Hindenburg und sein Stabschef Erich Ludendorff an der Vernichtungsstrategie des älteren Moltke, schlossen die russische Narew-Armee ein und vernichteten sie. Das war Ende August 1914, in der Schlacht bei Tannenberg. Wilhelm II., dessen Skrupel durch die Leiden seiner Ostpreußen genährt worden waren, atmete auf – und wurde sofort wieder maßlos. Die 90.000 russischen Kriegsgefangenen sollten seiner Meinung nach auf die Kurische Nehrung getrieben und dort dem Tode durch Hunger und Durst ausgesetzt werden.

Der jüngere Moltke, der Chef des Generalstabes des Heeres, hatte die Strategie seines Onkels vor Augen und visierte ein zweites Sedan an. So stießen die deutschen Armeen mit großem Elan nach Frankreich hinein, standen nach einem Monat an der Marne, bedrohten Paris, zwangen die Regierung zur Flucht nach Bordeaux.
Da geschah, was die Franzosen später das „Wunder an der Marne“ nannten und die Deutschen als „Wende an der Marne“. In der Schlacht an der Marne, vom 5. Bis 12. September 1914, brachte ein französischer Gegenangriff den deutschen Vormarsch zum Stehen. Die Hoffnung auf eine Kesselschlacht à la Sedan war dahin, der Bewegungskrieg, der eine rasche Entscheidung bringen sollte, erstarrte zum Stellungskrieg, dessen Ende nicht abzusehen war.

Aus dem Zweifrontenkrieg war inzwischen ein Mehrfrontenkrieg geworden, aus dem kontinentalen Konflikt ein globaler. Denn nicht nur in Europa, auch in anderen Erdteilen wurde gekämpft: Am Rande Kleinasiens, an den Dardanellen, in Mesopotamien und im Fernen Osten, wo die deutsche Kolonie Tsingtau von den Japanern erobert wurde. Auch an der Grenze zu Afrika wurde gekämpft, am Suezkanal und in Schwarzafrika, wo die deutschen Kolonien – mit Ausnahme von Deutsch-Ostafrika – rasch in Feindeshand fielen.

Die Seeblockade

England verhängte eine Seeblockade gegen Deutschland, die zwar dem Seekriegsrecht widersprach, sich aber als eine entscheidende Waffe erwies, weil sie lebenswichtige Einfuhren für das Reich verhinderte. Die Flotte, die England als Bedrohung angesehen hatte, erwies sich als stumpfe Waffe. Wilhelm hatte regelrecht Angst um sein Lieblingsspielzeug. Doch auch hier setzten sich die Hardliner durch. Und so kam es am 31. Mai und 1. Juni 1916 zur Seeschlacht am Skagerrak. Die Deutschen, obwohl mit 21 gegenüber 37 Großkampfschiffen der Engländer in der Minderheit, brachten dem Feind weit größere Verluste bei, als sie selbst erlitten.
Der Kaiser sah die Flagge Schwarz-Weiß-Rot siegreich am Maste seiner Schiffe wehen. Skagerrak habe bewiesen, was die deutsche Flotte bedeutete und wert war, behauptete er noch in seinen Memoiren. Da hatte sich aber längst heraus gestellt, dass dieser taktische Sieg eine strategische Niederlage gewesen war. Denn es war Freund und Feind demonstriert worden, dass durch eine Seeschlacht kein kriegsentscheidender Erfolg gegen England zu erzwingen war. So blieb es dann auch bei diesem einzigen großen Flottenkampf

des Weltkrieges. Die Deutschen wagten keine dieser Großschlachten zu Meere mehr, und die Engländer brauchten sich nicht zu stellen. Sie konnten die Wirkung ihrer Seeblockade abwarten.

Es waren nicht die deutschen Großkampfschiffe, die den Engländern Sorge bereiteten, sondern die Unterseeboote, die die britischen Einfuhren empfindlich störten. Der Kaiser fand das nicht ritterlich, musste sich aber fügen. Am 7. Mai 1915 versenkte ein deutsches U-Boot den englischen Passagierdampfer „Lusitania". Unter den 1.198 Opfern waren 139 Amerikaner.

Der scharfe Protest Washingtons wurde vom Kanzler wie vom Kaiser ernst genommen. Befehl erging, neutrale Schiffe und feindliche Zivilpassagiere fortan zu schonen. Bald war der U-Boot-Krieg so bis zur Unwirksamkeit eingeschränkt. Staatssekretär Tirpitz, der seine Felle davon schwimmen sah, trat daraufhin Mitte März 1916 zurück. Wilhelm ließ ihn schweren Herzens gehen, meinte deprimiert: *„Dieser Krieg endet nicht mit einem großen Sieg."*

Als an der Westküste in den großen Materialschlachten vor Verdun Hunderttausende verbluteten, wurde bald der Ruf nach einem starken Mann laut. An Wilhelm II. dachten dabei die wenigsten. Es hatte sich herum gesprochen, dass der nominelle Oberbefehlshaber nicht befehlen durfte. Paul von Hindenburg, der Sieger von Tannenberg, schien in der Krise von 1916 der richtige Mann zu sein, der die dringend verlangte sichere Haltung und ruhige Zuversicht ausstrahlte. Genau genommen war es dessen Generalstabschef Erich Ludendorff, der seinem Generalfeldmarschall die militärischen und politischen Ideen und Energien lieferte.

Wilhelm II. hätte lieber den Nachfolger Moltkes, Erich von Falkenhayn, behalten. Hindenburg war ihm zu hölzern und Ludendorff zu unheimlich. Er wusste, dass er mit der von der militärischen wie politischen Führung geforderten und am 29. August 1916 vollzogenen Ernennung von Hindenburg zum Chef des Generalstabes des Feldheeres und von Ludendorff zum Ersten Generalquartiermeister ein weiteres Stück seiner Macht abgab, von der ohnehin nicht viel übrig geblieben war.

Wilhelm ahnte vielleicht, dass er mit den Bestallungsurkunden de facto seine Abdankung unterzeichnet hatte. Auch Bethmann Hollweg, der die Berufung Hindenburgs und Ludendorffs mitbetrieben hatte, musste bald erkennen, dass er damit letzte Reste seiner Kanzlerkompetenz an die militärische Führung abgetreten hatte. Die neue Oberste Heeresleitung übernahm das Gesamtkommando über das um seine Existenz ringende Reich.

Der totale Krieg

Die neuen Machthaber argumentierten, das ein totaler Krieg, zu dem sich der Erste Weltkrieg ausgewachsen hatte, eine totalitäre Gewalt in der militärischen Hand erfordere. Folgerichtig verordneten sie das so genannte „Hindenburgprogramm“: Deutschland könne den Krieg nur gewinnen, *„wenn wir dem Heere so viel Kriegsgerät zuführen, dass es den feindlichen Armeen gleich stark gegenübersteht und wenn wir die Ernährung des gesamten Volkes sicherstellen.“* Das sei nur möglich, *„wenn alles, was unser Land an Bodenschätzen birgt und was die Industrie und der Acker hergeben können, ausgenützt wird, lediglich für die Förderung des Krieges.“*

Durch das „Vaterländische Hilfsdienstgesetz“ sollten der Kriegsindustrie und der Landwirtschaft hinreichend Arbeitssoldaten zugeführt werden. Doch die Rüstungsproduktion stieß bald durch Mangel an Rohstoffen und Arbeitskräften an seine Grenzen, und die Lebensmittel wurden immer knapper. Der so genannte „Steckrübenwinter“ 1916 auf 1917 zeigte, dass nun der General Hunger in den Kampf gegen Deutschland eingetreten war.

Auch der Kaiser musste den Gürtel enger schnallen. Er musste sich – wenigstens auf für die Öffentlichkeit bestimmten Fotos – mit Feldküchenrationen begnügen. Sein Hofzug war feldgrau angestrichen worden, und er trug die feldgraue Uniform seiner Soldaten. Wie die Farbe war seine Stimmung, sie wurde immer düsterer. Sie verschlechterte sich erst recht, als am 6. April 1917 die Vereinigten Staaten von Amerika dem Deutschen Reich den Krieg erklärten.

Die ganze Nacht habe ihn der Gedanke gequält, bekannte Wilhelm später, Deutschland in einen Krieg mit Amerika verwickelt zu haben. Und wirklich trug er, wie bei so vielem, eine Mitschuld. Die Hauptschuldigen jedoch saßen in der Obersten Heeresleitung und im Admiralstab. Sie hatten Wilhelm die Anordnung des uneingeschränkten U-Boot-Krieges abverlangt und damit den unmittelbaren Anlass zum Kriegseintritt der USA geliefert. Vergebens hatte Bethmann Hollweg auf diese Konsequenzen hingewiesen. Der Kaiser neigte zur Ansicht des Kanzlers.

Aber Hindenburg und Ludendorf, die bei Abweisung ihres Wunsches mit Rücktritt gedroht hatten, setzten sich einmal mehr durch. Nach sechs Monaten wäre England ausgehungert, behaupteten sie, bevor noch amerikanische Truppen an der Westfront eingesetzt werden könnten. Eine gewaltige

Fehleinschätzung. Bereits Anfang Juli 1917 landeten die ersten amerikanischen Truppen in Europa. Immer mehr amerikanische Soldaten griffen schon bald an der Seite der Franzosen und Engländer in die Kämpfe ein.

Die Militärs und auch Wilhelm aber träumten weiter von einem „Siegfrieden". Noch am 19. April 1917, die deutsche Niederlage war nur noch eine Frage der Zeit, forderte der Monarch als Pfand für einen Friedensschluss Malta, die Azoren, Madeira, die Kapverdischen Inseln, den Belgischen Kongo und das französische Erzbecken von Briey-Longwy. Polen, Kurland und Litauen sollten zumindest indirekt annektiert werden, die Ukraine, Lettland und Estland von Deutschland unabhängig werden. Von den „Plutokratien" Amerika und England wollte er je 30 Millionen und vom Erbfeind Frankreich 40 Millionen Dollar an Reparationen haben.

Ludendorff stellte noch maßlosere Forderungen, denen Wilhelm II. nicht nachstehen wollte. Am 13. Mai 1917 verlangte er zusätzlich den Französischen Kongo und das Protektorat über das zwischen Flamen und Wallonen geteilte Belgien. Hart sollte England gestraft werden: sie sollten Gibraltar an Spanien sowie Zyperns, Ägyptens und Mesopotamiens an die Türkei abtreten. Er werde das Schwert erst wieder in die Scheide stecken, wenn er den Frieden diktieren könne, hatte der Kaiser kurz nach Kriegsausbruch erklärt.

Doch ein Diktatfrieden war nicht in Sicht, und eine Reaktion auf die Friedensresolution des Reichstages, die Hoffnungen auf einen Verständigungsfrieden hätte wecken können, blieb aus. Die Vermittlungsversuche von Papst Benedikt XV. blieben erfolglos. Friedensbemühungen des österreichischen Kaisers Karl I., der ein kaum mehr zu rettendes Reich übernommen hatte, wurden von den Alliierten für unzulänglich gehalten und in Deutschland als verräterisch empfunden.

Mit der schwindenden Aussicht auf ein baldiges Kriegsende und angesichts der steigenden Verluste an der Front und der grassierenden Not in der Heimat wuchs die Unzufriedenheit mit dem Regime, das keinen Ausweg aus der Misere fand. Großadmiral Tirpitz beteiligte sich an der Gründung der Deutschen Vaterlandspartei, die sich direkt gegen „nervenschwache Friedenskundgebungen" des Reichstags wandte und indirekt Front gegen den Kaiser machte, der solche zugelassen hatte.

Die Mehrheit der Sozialdemokratie hielt sich aber noch immer an den Schwur von 1914, das Vaterland in der Stunde der Gefahr nicht im Stich zu lassen. Von ihr spaltete sich 1917 die Unabhängige Sozialdemokratische Partei Deutschlands ab, die gegen den Krieg und das kriegführende Regime Stellung bezog. Der Spartakusbund unter Karl Liebknecht und Rosa Luxemburg agitierte sogar für eine Revolution in Deutschland.

Schon kam es zu Massenstreiks in der Rüstungsindustrie und zu Gehorsamsverweigerungen in der Flotte. *„Die Stimmung in der Heimat ist tief gesunken und hat tatsächlich schon vereinzelt auf das Heer übergegriffen"*, bemerkte Ludendorff damals. Es gelte, *„die Liebe zum Kaiser und den Landesherren und ein starkes deutsch-vaterländisches Gefühl immer von neuem zu beleben, stark zu halten und ferner dafür zu sorgen, daß aus dem Heer heraus den Hetzern, Flaumachern und Schwächlingen daheim und im Heere entgegen getreten werde."*

Ohne Wissen des Kaisers half der Erste Generalquartiermeister, Russland zum Hort der kommunistischen Revolution zu machen. Mit der deutschen Eisenbahn wurde Lenin, der später den Befehl zur Hinrichtung der Zarenfamilie geben sollte, aus seinem Schweizer Exil nach Petersburg verbracht. Von der Transporthilfe für die Weltrevolution wurde Wilhelm erst Tage später unterrichtet.

Dabei konnte Ludendorff dabei mit der Zustimmung Wilhelms rechnen. Sie waren sich in der Einschätzung der Folgen eines Umsturzes in Russland einig. Beide hielten die Gefahr, die von der Oktoberrevolution für das monarchische System ausging, für geringer ein als den Nutzen, den man unmittelbar daraus zu ziehen hoffte. Der Frieden, den Lenin anbot, eröffnete der Heeresleitung die Möglichkeit, frei werdende Truppen aus dem Osten an die Westfront zu werfen. Wilhelm begann wieder neue Hoffnung zu schöpfen.

Kaum hatte man Morgenluft geschnuppert, herrschte aber auch wieder Maßlosigkeit. Nach Abschluss eines Waffenstillstandes zwischen Sowjetrussland und dem Reich am 15. Dezember 1917 drängten die Militärs auf Friedensbedingungen, die Lenin zu schaffen machten und sogar Wilhelm als zu hart erschienen. Nach der Anhörung von General Hoffmann, eines Ostexperten, der maßvolle Territorialforderungen empfahl, machte er sich dessen Ansichten zu Eigen und trug sie im Kronrat vor. Ludendorff verbat sich die Befragung untergeordneter Offiziere über den Kopf der militärischen Führung hinweg.

Die Oberste Heeresleitung diktierte, unter Rücktrittsdrohung, zuerst dem Kaiser und dann den Sowjets die Bedingungen des am 3. März 1918 unterzeichneten Friedens von Brest-Litowsk. Wilhelm II. bezeichnete ihn dann sogar als *„einen der größten Erfolge der Weltgeschichte"*. Die Sowjets hatten es hinzunehmen, dass Russland auf seine Herrschaft in Polen, Litauen und Kurland verzichten musste, Estland und Lettland unabhängig werden durften und die Ukraine und Finnland als selbstständige Staaten anerkannt wurden.

Die Oberste Heeresleitung hatte ihre Kriegsziele im Osten durchgesetzt, ohne aber die Truppen frei zu bekommen, die sie im Westen dringend benötigt hätte. Denn sie ging daran, die im Osten am Vertragstisch gewonnenen Gebiete zu einem deutschen Ostimperium auszubauen. Deutsche Soldaten rückten bis auf die Krim und nach Transkaukasien vor. Das Reich begann sich im Osten totzulaufen, während es im Westen bislang keinen Fußbreit voran gekommen war.

Ludendorff und Hindenburg beschlossen, im Frühjahr 1918 mit einer Großoffensive in Frankreich eine Entscheidung zu erzwingen. Zu der Konferenz, in der dieser Beschluss gefasst wurde, war der Kaiser gar nicht erst hinzugezogen worden. Ihm blieb nichts anderes übrig, als zum Ergebnis Ja und Amen zu sagen. Er werde von der Militärführung wie von den Zivilbehörden ignoriert, klagte Wilhelm, ohne dagegen etwas machen zu wollen und zu können.

Die „Kaiserschlacht"

„*Sieg und ein deutscher Friede*" lautete die Parole, die Wilhelm II. am 10. Februar 1918 vor Bürgern von Bad Homburg ausgab, die ihn anlässlich des Friedensschlusses mit der Ukraine feierten. „*Ausbrüche von Cäsarenwahn*" bemerkte Admiral von Müller, der Chef des Marinekabinetts, „*wenn es einigermaßen gut geht.*" Wenn der Monarch in der Öffentlichkeit auftrat, was immer seltener wurde, trug er Zuversicht auf den ominösen Siegfrieden zur Schau. Dann schien er sich schon wie Cäsar auf dem Triumphwagen stehen zu sehen.

War das Hurra verklungen, die Begeisterung verebbt, mochte er sich eher wie ein Besiegter fühlen, der im Triumphzug mitgeführt wurde. Dieses deprimierende Gefühl verstärkte sich bei dem Monarchen im Jahre 1918 immer stärker. Der Oberste Kriegsherr mied das Große Hauptquartier, in dem Hindenburg und Ludendorff das Kommando führten. An der Front ließ er sich nur noch blicken, wenn es Erfolge zu feiern und Eiserne Kreuze zu verleihen galt.

Im Frühjahr 1918 keimte noch einmal Hoffnung auf. Obgleich im Ostimperium, das man dank der Kriegsmüdigkeit der russischen Revolutionäre gewonnen hatte, viele deutsche Truppen gebunden blieben, waren doch genügend kämpfende Einheiten verfügbar geworden, dass Ludendorff mit dieser Verstärkung zu einem entscheidenden Schlag im Westen ausholen zu können glaubte. 200 Divisionen mit dreieinhalb Millionen Mann wurden zusammengetrommelt. So war endlich wenigstens ein Gleichstand der Kräfte mit den Alliierten erreicht.

Das Große Hauptquartier wollte diese neue und vielleicht letzte Chance nutzen. Am 21. März begann der deutsche Großangriff. Im ersten Ansturm wurden Engländer und Franzosen zurück geworfen, beträchtliche Geländegewinne erzielt. „Die Schlacht ist gewonnen, die Engländer total geschlagen", triumphierte Wilhelm schon, nachdem bei Saint-Quentin 90.000 Engländer gefangen genommen worden waren.

Der Kaiser glänzte bei dieser Gelegenheit dann doch noch einmal mit seiner Anwesenheit in Hindenburgs Hauptquartier in Avesnes. Der Generalfeldmarschall tat ihm den Gefallen, einen Tagesbefehl zu erlassen, der mit den Worten begann: *„Unter dem persönlichen Befehl Seiner Majestät des Kaisers...“* So wurde von der „Kaiserschlacht“ gesprochen, was Wilhelm auch wieder nicht gefiel. Sein Einwand: Dies höre sich an, als hätten die anderen siegreichen Schlachten nichts mit ihm zu tun gehabt.

Die „Kaiserschlacht“ war aber nur ein Pyrrhussieg. Die Angreifer ermüdeten bald und die Verteidiger erholten sich rasch. Die Deutschen drangen zwar wiederum bis zur Marne vor. Schon wurde Paris von Ferngeschützen beschossen. Doch wieder wurde der Fluss zur Schicksalslinie. Mitte Juli 1918 stockte die deutsche Offensive und die Alliierten gingen zum Gegenangriff über.

Franzosen und Engländer waren kontinuierlich durch Amerikaner verstärkt worden. Ihre Überlegenheit an Menschen und Material wurde erdrückend. Vor allem nun den in Massen auftauchenden Tanks hatten die Deutschen nichts entgegen zu setzen. Schlimmer noch: Die stählernen Ungetüme riefen bei den Soldaten blankes Entsetzen hervor. *„Es ist merkwürdig“*, bemerkte Wilhelm weltfremd, *„daß sich unsere Leute so gar nicht an die Tanks gewöhnen.“*

Am 22. Juli 1918 gestand Hindenburg ein, dass die alliierte Gegenoffensive an Boden gewann. Beim Abendessen nannte sich der Kaiser einen geschlagenen Feldherrn. Er habe die Nacht nicht geschlafen, erzählte er am anderen Morgen, und er habe eine schreckliche Vision gehabt: Die anderen Monarchen, seine englischen und russischen Verwandten sowie die Minister und Generäle aus seiner Regierungszeit seien mit teilweise höhnischen Mienen an ihm vorüber gezogen. Nur die kleine Königin von Norwegen sei freundlich zu ihm gewesen.

Am 8. August 1918 durchbrachen die Engländer mit 450 Tanks die deutschen Linien an der Straße von Amiens nach Saint-Quentin. Dies sei *„der schwarze Tage des deutschen Heeres“*, bemerkte Ludendorff. *„Das kann natürlich so nicht bis ins Unendliche weitergehen, wir müssen einen Weg suchen, um zum Schluss zu kommen“*, pflichtete der Kaiser bei. Doch aufgeben wollte und konnte er nicht. Und wie es unter diesen Umständen weitergehen sollte, wusste er auch nicht zu sagen.

Um lästigen Fragen zu entgehen und nicht antworten zu müssen, verließ der Kaiser das Hauptquartier im belgischen Kurort Spa und zog sich auf Schloss Wilhelmshöhe bei Kassel zurück. *„Wir tun so“*, notierte der Chef des Marinekabinetts, *„also ob uns das gar nichts anginge.“* Wilhelm blieb ganz der alte, er schwankte zwischen himmelhoch-jauchzend und zu Tode betrübt. Am 25. September sprach er zu U-Boot-Offizieren in Kiel im alten Casino-Jargon: *„Das Ziel erkannt, die Muskete gespannt, die Flachmacher an die Wand.“* Wurden ihm schlechte Nachrichten überbracht, legte er sich mit einer Nervenkrise ins Bett. Einmal schlief er dabei 24 Stunden durch.

Doch er konnte nicht dauerhaft die Augen vor den Realitäten verschließen. Die Heimat wankte, und die Front brach zusammen. Als der Kaiser am 29. September 1918 wieder im Hauptquartier in Spa eintraf, wurde er mit Hiobsbotschaften empfangen: Deutschlands Bundesgenosse Bulgarien hatte kapituliert, die alliierte Saloniki-Armee hatte die mazedonische Front durchbrochen. Deutschlands Bundesgenosse Türkei, dessen Palästina-Front wenige Tage zuvor von den Briten durchstoßen worden war, wurde von zwei Seiten bedrängt: von Europa und von Asien aus. Und Österreich-Ungarn, dessen letzte Offensive an der Italien-Front gescheitert war, hatte am 14. September eine Friedensnote an alle Krieg führenden Mächte gerichtet.

„*Das kann den ganzen Krieg zu Ende bringen, aber nicht so, wie wir es uns gedacht haben*", erkannte Wilhelm. Der Weltkrieg war militärisch verloren und das Kaiserreich auf dem Wege zur Revolution und Republik. Wilhelm II. verkündete am 30. September 1918, was ihm Ludendorff vorgesagt hatte: „*Ich wünsche, daß das deutsche Volk wirksamer als bisher an der Bestimmung der Geschicke des Vaterlandes mitarbeitet. Es ist daher Mein Wille, dass Männer, die vom Vertrauen des Volkes getragen sind, in weitem Umfange teilnehmen an den Rechten und Pflichten der Regierung.*" Vom Vertrauen der auf Demokratisierung drängenden Volksvertreter getragen und von Ludendorff „*zugleich im Namen des Feldmarschalls*" abgesegnet, wurde nun Prinz Max von Baden von Wilhelm am 3. Oktober 1918 zum Reichskanzler und preußischen Ministerpräsidenten ernannt.

Vom neuen Reichskanzler wurden zugleich Dienstleistungen für die Oberste Heeresleitung erwartet. Die Militärs hatten den Krieg verloren und gedachten, die Niederlage den Zivilisten in die Schuhe zu schieben. In sein Reichskabinett nahm Max von Baden Vertreter der Parteien auf, die im Vorjahr die Friedensresolution im Reichstag durchgesetzt hatten, darunter den Zentrumsmann Erzberger und den Sozialdemokraten Scheidemann. Der Kaiser, politisch längst entmündigt, tönte, die Deutschen sollten künftig an „*politischer Freiheit keinem Volk der Erde*" nachstehen.

Am 28. Oktober unterschrieb der Kaiser die die Verfassung ändernden Gesetze, die den Weg vom konstitutionellen zum parlamentarischen System öffneten. Der Kanzler und seine Staatssekretäre waren fortan nicht mehr dem Monarchen, sondern dem Reichstag verantwortlich. Auch militärische

Anordnungen des Kaisers bedurften nun der Gegenzeichnung: Kriegserklärungen sollten nur noch mit Zustimmung des Bundesrates und des Reichstages erfolgen können.

Die Presse- und Versammlungsfreiheit wurde weitgehend wieder hergestellt und in Preußen die Reform des längst überholten Dreiklassenwahlrechtes in Angriff genommen. Wilhelm glaubte noch die Wahl zwischen einem kleineren Übel, einer Reform, und dem größeren Übel, der Revolution, zu haben. Und er hatte sich, um nicht alles zu verlieren, mit einer Beschränkung seiner Monarchenherrschaft abgefunden. Im letzten Moment und unter Druck war es zur längst überfälligen Demokratisierung der Reichsverfassung gekommen. Zudem hatte der Feind signalisiert, nur mit einem nicht mehr wilhelminischen Deutschland Frieden schließen zu wollen.

Die politische Führung, die auf Waffenstillstand drängte, beugte sich nun nicht mehr den Militärs. Ludendorff musste gehen, Reichskanzler Max von Baden bot in der Nacht vom 3. auf den 4. Oktober 1918 dem amerikanischen Präsidenten Wilson einen Waffenstillstand an. Aber Wilhelm, der militärische Autokrat in den Augen der Alliierten, war immer noch da und wollte nicht gehen. Da verlangte Wilson kaum verhüllt die Abdankung des Kaisers als Vorbedingung eines Friedensschlusses mit Deutschland. Ein Nachkomme Friedrichs des Großen danke nicht ab, erklärte Wilhelm und suchte Zuflucht bei seinen Soldaten. Dort, im Großen Hauptquartier von Spa, begann nun der letzte Akt des Trauerspiels.

Der Kaiser dankt ab

Der Kaiser hatte sich in einer neu-gotischen Villa am Rande von Spa eingerichtet. Die Nachrichten wurden immer schlechter. Am 29. Oktober 1918, als er aus Berlin nach Spa flüchtete, weigerten sich die Matrosen in Kiel, mit der Hochseeflotte zu einem letzten Gefecht auszulaufen. Am selben Tag forderte der sozialdemokratische Staatssekretär Scheidemann den Reichskanzler auf, die Abdankung des Kaisers zu erwirken. Am 1. November sprach der preußische Innenminister Drews in Spa vor, um den Kaiser und König zu einer freiwilligen Thronentsagung mit dem Hinweis zu bewegen, dass die Einsetzung seines Enkels auf dem Thron die letzte Chance sei, die Monarchie in Deutschland zu retten.

„Meine Abdankung würde der Anfang vom Ende aller deutschen Monarchien sein", entgegnete der Kaiser. *„Im Übrigen haben mir auch meine Söhne in die Hand versprochen, eine Regentschaft an meiner und des Kronprinzen Stelle nicht zu übernehmen."* Er denke gar nicht daran, *„wegen der paar hundert Juden und tausend Arbeiter den Thron zu verlassen"*, soll er gesagt haben. Generalfeldmarschall Hindenburg und der Nachfolger Ludendorffs, General Wilhelm Groener, unterstützten ihren Monarchen, weil sie sich immer noch der Hoffnung hingaben, sie könnten unter seiner Standarte das Schlimmste verhindern: den Zusammenbruch der Front und die Auflösung der Armee.
Wilhelm war sich seiner immer weniger sicher. *„Mag ich nun regiert haben wie ich will, gut oder schlecht, davon jetzt einmal ganz abgesehen – das meiste war natürlich schlecht. Aber ich bin nun doch einmal 60 Jahre und davon 30 Jahre auf dem Thron."* Das sei mehr als genug, meinten diejenigen, die zunehmend auf ihn Druck ausübten: die Reichsregierung von oben und von unten die wachsende Zahl derer, die auf eine Beendigung des Krieges drängten.

Am 4. November 1918 wurde in Kiel auf Kriegsschiffen, die

doch des Kaisers ganzer Stolz gewesen waren, die rote Flagge gehisst. In den nächsten Tagen wehte sie an vielen deutschen Orten, in denen Arbeiter- und Soldatenräte gebildet wurden. Am 7. November forderte die Sozialdemokratische Partei ultimativ die Abdankung des Kaisers. Einen Tag später begannen die Waffenstillstandsverhandlungen, denen sich die Heeresleitung nicht länger hatte entziehen können.

In München wurde der König von Bayern gestürzt und die Republik ausgerufen. Max von Baden appellierte an Wilhelm: *„Deine Abdankung ist notwendig geworden, um den Bürgerkrieg in Deutschland zu vermeiden und die Friedensverhandlungen zu erleichtern."* Wenn sie nicht noch an diesem Tage erfolge, *„so kann ich nicht mehr mitarbeiten. Auch die deutschen Fürsten können sich nicht mehr vor den Kaiser stellen."*

In Spa dachte Wilhelm II. an eine Flucht nach vorn: Er werde *„an der Spitze des Heeres die Ordnung in der Heimat wieder herstellen"*, äußerte er am Vormittag des 8. November. Am Abend bezeichnete Groener das Vorhaben eines Marsches gegen die Heimat als aussichtslos. Hindenburg schloss sich dieser Ansicht an. Der Kaiser, der schon zu Bett gegangen war, erfuhr an diesem Abend davon nichts.
Am Morgen des 9. November 1918 wurde der Hohenzoller aus seinen letzten Träumen gerissen. Fröstelnd an den Kamin des zugigen Gartensaals seiner Villa gelehnt, empfing er Hindenburg und Groener. Der Chef der Obersten Heeresleitung brachte kein Wort über die Lippen, überließ es dem Ersten Quartiermeister, die bittere Wahrheit auszusprechen: Die Fronttruppen, die nicht mehr gegen den äußeren Feind standhielten, könnten erst recht nicht gegen den inneren Gegner, mit dem sie fraternisierten, eingesetzt werden.

Wie gewohnt wagte der Kaiser es nicht, sich der Auffassung der Heeresleitung zu widersetzen: Er wolle dem Vaterland einen Bürgerkrieg ersparen, aber nach dem Waffenstillstand in friedlicher Weise an der Spitze des Heeres in die Heimat zurück kehren. Groener nahm ihm die letzte Illusion: *„Das Heer wird unter seinen Führern und kommandierenden Generalen in Ruhe und Ordnung in die Heimat zurück marschieren, aber nicht unter dem Befehl Eurer Majestät; denn es steht nicht mehr hinter Eurer Majestät."*

„Hat mir das Heer nicht den Fahneneid geschworen?", warf Wilhelm – weiter uneinsichtig – ein. Der sei jetzt nur noch eine Fiktion, entgegnete Groener. Die Truppe sei *„müde und gleichgültig"*, wolle nur noch *„Ruhe und Frieden"* haben. Der letzte König von Preußen, der auch der letzte Deutsche Kaiser war, hatte immer noch nicht begriffen, dass das Ende gekommen war. Seine nächste Idee war, nur als Deutscher Kaiser abzudanken, aber König von Preußen zu bleiben. Auch das ein Trugschluss: Beide Ämter waren untrennbar miteinander verbunden. Eine Teilabdankung war nicht möglich.

Trotzdem ließ Wilhelm am 9. November, gegen 14 Uhr, dem Kanzler fernmündlich übermitteln: *„Um Blutvergießen zu vermeiden, sind Seine Majestät bereit, als Deutscher Kaiser abzudanken, aber nicht als König von Preußen."* Der Monarch hinkte damit den Ereignissen hinterher, denn bereits um 12 Uhr hatte die Reichskanzlei verbreiten lassen: *„Der Kaiser und König hat sich entschlossen, dem Throne zu entsagen."* Kurz nach 12 Uhr hatte Max von Baden die Geschäfte des Reichskanzlers auf den sozialdemokratischen Parteiführer Friedrich Ebert übertragen. Nach 14 Uhr proklamierte der Sozialdemokrat Scheidemann vom Reichstagsgebäude aus die *„Deutsche Republik"* und um 16 Uhr der Kommunist Karl Liebknecht vom Schloss aus die *„Freie sozialistische Republik Deutschland"*. Am Mast, an dem zuvor die Standarte Wilhelms II. geweht hatte, stieg die rote Fahne hoch.

„Verrat, schamloser, empörender Verrat!", rief Wilhelm aus, als er erfuhr, dass der Reichskanzler über seinen Kopf hinweg seine Abdankung verkündet hatte. Sein Urteil über Max von Baden stand fest: *„Als Marionette Scheidemanns"* habe er *„den Kaiser, die Fürsten, das Reich"* preis gegeben, sei zum *„Zerstörer des Reiches"* geworden.

Der Kaiser sah weniger klar denn je. *„Mein Gott! Sind Sie schon wieder da?"*, empfing er Hindenburg und Groener, die ihm am Nachmittag des 9. November 1918 ihren Entschluss mitzuteilen hatten: Unter den gegebenen Umständen müsse Wilhelm II. geraten werden, *„die Krone niederzulegen und nach Holland zu gehen."* Die Grenze des neutralen Landes lag nur 50 Kilometer von Spa entfernt, so dass die Wahrscheinlichkeit bestand, unbehelligt von revoltierenden Truppen dorthin zu gelangen.

Gab es einen Ausweg? Groener dachte daran, den Kaiser an die Front zu schicken, ihm die Möglichkeit zum Soldatentod und der Monarchie eine Überlebenschance durch die Selbstaufopferung dieses Herrschers zu geben. Aber Hindenburg war dagegen, und auch der Kaiser machte nicht mit. Ein Selbstmord, schrieb er später in seinen Memoiren, sei für ihn aus religiösen und moralischen Gründen nicht in Frage gekommen. Auch deshalb nicht, weil er sich nicht nachsagen lassen wollte, er habe sich durch einen Freitod aller Verantwortlichkeit entzogen.

Am Nachmittag schrieb Wilhelm seinem Sohn: *„Da Hinden-*

burg Mir meine Sicherheit hier nicht mehr gewährleisten kann und auch für die Zuverlässigkeit der Truppen keine Bürgschaft übernehmen will, so habe Ich mich entschlossen, nach schwerem inneren Kampfe das zusammen gebrochene Heer zu verlassen." Dann begab er sich in seinen Hofzug, in dem er sich sicherer fühlte als in der Villa und mit dem er jederzeit abfahren konnte.

Beim Abendessen schien er wieder Mut gefasst zu haben. *„Ich habe gefürchtet, die Erregung der vorher gegangenen Stunden würde bei ihm eine Lethargie auslösen. Das ist jedoch nicht der Fall"*, bemerkte der Verbindungsoffizier Alfred Niemann, der gegen 21 Uhr mit dem Gepäck erschien. *„Voller Lebensenergie blickte er mich an. Ruhige Entschlossenheit lag auf dem Antlitz. Man sagte mir, der Kaiser habe das Ansinnen, nach Holland abzureisen, ganz entschieden zurück gewiesen."*

Am frühen Morgen des 10. November, gegen fünf Uhr, fuhr er dann doch. Aus Furcht, in Lüttich in die Hände von revoltierenden Soldaten zu fallen, stieg er in ein Auto um, mit dem er um 6 Uhr 30 den holländischen Grenzort Eijsden erreichte. *„Wie Gott mich führt, so geh` ich mit"*, stand am 9. November in den Losungen der Brüdergemeinde, die Wilhelm täglich las und mit Randbemerkungen versah. *„Wurde von Max v. Baden gestürzt"*, notierte er an diesem Schicksalstag, und *„Max v. Baden wird von den Bolschewiki gestürzt und reist ab."*

Das Exil

Wilhelm sollten nach 30 Jahren Herrschaft noch 23 Jahre Verbannung erwarten. In Amerongen, wo ihn Graf Godard Bentinck, ein holländerischer Johanniter, fürs erste aufnahm, dankte er am 28. November offiziell ab: *„Ich verzichte hierdurch für alle Zukunft auf die Rechte an der Krone Preußens und die damit verbundenen Rechte an der deutschen Kaiserkrone.“* Er entband alle Soldaten und Beamten des Treueeids und erwartete von ihnen, *„daß sie bis zur Neuordnung des Deutschen Reiches den Inhabern der tatsächlichen Gewalt in Deutschland helfen, das Deutsche Volk gegen die drohenden Gefahren der Anarchie, der Hungersnot und der Fremdherrschaft zu schützen.“*

Am 19. Januar 1919 wurde in Deutschland eine konstituierende Nationalversammlung gewählt, die am 11. August 1919 die Weimarer Reichsverfassung beschloss. Aus dem Kaiserreich war ein republikanischer Nationalstaat geworden. Eine Diktatur des Proletariats wie nach der russischen Oktoberrevolution konnte so verhindert werden.

Deutschland sei der Urheber des Krieges und habe daher für alle Verluste und Schäden aufzukommen, lautete Artikel 231 des Versailler Vertrages. Der Exkaiser, der die Verantwortung für das Reich getragen hatte, war nicht gewillt, dieses Urteil hinzunehmen. Er wies jedoch nicht nur die Alleinschuld von sich, was gerechtfertigt war. Er bestritt jegliche Mitschuld am Krieg, was ihn unglaubwürdig machte.
Die so genannten „Strafbestimmungen“ des Versailler Vertrages verlangten ein internationales Tribunal gegen den *„vormaligen Kaiser von Deutschland“* und die Spitzen seines Systems – von Hindenburg und Ludendorff bis Bethmann Hollweg und Rupprecht von Bayern. Ein Gerichtshof mit je einem Richter aus England, Frankreich, Italien, den USA und Japan sollte eingesetzt werden, um *„auf Grundla ge der erhabensten Grundsätze der internationalen Politik“*, wie es hieß, *„die Strafe zu bestimmen, die er für angemessen erachtet.“* Die Anklagepunkte reichten von *„Mord, Massen-*

mord, systematischer Terror" bis zu „*Vergiftung von Brunnen.*"

„*Ich mußte das Ansinnen der Selbststellung ablehnen*", befand Wilhelm in seinen Memoiren, „*Ich durfte nicht die Rolle des Vercingetorix spielen, der bekanntlich im Vertrauen auf die Großmut seiner Feinde diesen seine Person auslieferte, um dadurch für sein Volk ein besseres Los zu erlangen.*" Cäsar hatte den Gallierfürsten in Ketten gelegt, im Triumphzug mitgeführt und dann hinrichten lassen. Wilhelm konstatierte: „*Ein Gerichtshof, in dem der Feindbund gleichzeitig Ankläger und Richter wäre, würde nicht ein Organ des Rechtes, sondern ein Instrument politischer Willkür sein und nur dazu dienen, durch meine selbstverständliche Verurteilung die uns auferlegten unerhörten Friedensbedingungen nachträglich zu rechtfertigen.*" – 28 Jahre später setzten sich die alliierten Sieger nach dem 2. Weltkrieg in dieser Causa durch, erhoben Anklage gegen die deutschen Kriegsverbrecher und sprachen ihre Todesurteile in den Nürnberger Prozessen.

Ex-Kaiserin Auguste Victoria, seelisch niedergedrückt und herzkrank, die inzwischen auch nach Amerongen gekommen war, sah ihren Mann bereits vor einem Erschießungskommando. Von diesem Alpdruck befreite sie die holländische Regierung, die neutral geblieben und monarchisch gesinnt war. Sie widerstand englischem wie französischem Druck und lehnte die Auslieferung Wilhelms ab, untersagte ihm jedoch jede politische Betätigung. Die Ex-Kaiserin kam über das Unglück ihrer Familie nicht hinweg. 63-jährig starb sie am 11. April 1921, zwei Monate nach ihrem 40. Hochzeitstag. Der Witwer durfte die Tote nicht begleiten, die nach Potsdam überführt und am 19. April im Antikentempel im Park des Neuen Palais beigesetzt wurde.

Indessen ging der Exilant daran, an der Legende mitzuwirken, dass der Krieg nicht an der Front, sondern durch Sabotage in der Heimat verloren gegangen sei. „*Nach über vier glänzenden Kriegsjahren mit unerhörten Siegen*“ musste die Armee „*unter dem von hinten gegen sie geführten Dolchstoß der Revolutionäre zusammenbrechen, gerade in dem Augenblick, als der Friede in Greifnähe stand!*“

Als Meuchler prangerte Wilhelm all diejenigen an, die „*auf Befehl der Feinde das Kaisertum stürzen und das Reich zerschlagen*“ hätten lassen, insbesondere Sozialisten, die „*unter die Führung von kulturell meilenweit tiefer stehenden russischen Verbrechern*“ geraten und den deutschen Frontsoldaten in den Rücken gefallen seien. „*Angehetzt und verführt*“ worden seien die Reichszerstörer, schrieb Wilhelm am 2. Dezember 1919, „*durch den ihnen verhaßten Stamm Juda, der Gastrecht bei ihnen genoß! Das war sein Dank! Kein Deutscher vergesse das je und ruhe nicht bis diese Schmarotzer vom Deutschen Boden vertilgt und ausgerottet sind! Dieser Giftpilz am Deutschen Eichenbaum.*“ – Ob ein junger Gefreiter namens Adolf Hitler diese Zeilen auch gelesen hat? Jedenfalls nahm er sie sich zu Herzen und handelte danach, als er die Macht dazu hatte.
Der Ex-Kaiser verrannte sich wieder in maßlosen Tiraden. „*Blut muss fließen, viel Blut*“, schrieb er, „*bei den Offizieren und den Beamten, vor allem beim Adel, bei allen, die mich verlassen haben.*“ Öffentlich dankte er „*den genialen Führern*“ im Krieg, „*vor allem den Generalfeldmarschall von Hindenburg, dem getreuen Eckart des deutschen Volkes.*“ Im Kreise von Vertrauten aber schob er ausgerechnet ihm die Verantwortung für die Niederlage zu. Er konnte nicht vergessen, dass ihn der Feldmarschall daran gehindert hatte, die Republikaner zu bekämpfen, und nicht verstehen, dass er sich als Reichspräsident der „*Saurepublik*“ zur Verfügung stell

te, was die Hoffnungen auf eine monarchistische Wende eher dämpfte.

Letzte Lebensjahre

Sein letztes Domizil fand Wilhelm im Haus Doorn in der Provinz Utrecht. Der Landsitz mit 60 Hektar wurde im Sommer 1919 für 1,35 Millionen holländische Gulden erworben und nach Renovierung und Erweiterung im Frühjahr 1920 bezogen. Mehr eine große Villa als ein kleines Schloss, bot das Anwesen Wilhelm die Bequemlichkeiten des Countrylife, um das er englische Landedelleute beneidet hatte.

Der Spaziergang im Park bot aber keinen Ersatz für den Auslauf, den der reiselustige Monarch einst gesucht und gefunden hatte. Er bestieg nie wieder ein Pferd, denn er wäre damit schnell an die Mauer gestoßen, die sein winziges Reich umgab. Nur noch das Fällen von Bäumen verschaffte ihm Befriedigung. Kaum in Doorn, hatte er bereits 470 von ihnen umgehauen und zersägt. In Zivil, mit Strohhut und Spazierstock, glich er einem reichen Rentier. Und genau das war er. 1929 verfügte er in Deutschland über ein Vermögen von rund 55 Millionen Reichsmark, das ihm ein jährliches Einkommen von 1,9 Millionen Reichsmark einbrachte. Den Schnurrbart trug er nicht mehr so schneidig hochgezwirbelt, und er hatte sich einen Kinnbart wachsen lassen. Er war grau und bald weiß geworden, hatte glanzlose, wie ausgeweinte Augen.

Der 63-jährige Witwer hatte 1922 wieder geheiratet, die 35-jährige Hermine, geborene Prinzessin Reuß, verwitwete Prinzessin von Schönaich-Carolath, Mutter von fünf Kindern und Großgrundbesitzerin in der Lausitz. Sie spielte die Sendbotin Wilhelms, der seinen monarchischen Sendungsglauben nicht aufgegeben hatte und nach Bundesgenossen suchte. Hof hielt er, als ob er noch Kaiser und König wäre. Es beschäftigte weiterhin einen Hausmarschall, einen Hofmarschall, Haushofmeister und Flügeladjutanten. Der Exil-Hofstaat umfasste circa 50 Personen.

Bei der Abendtafel erschien der Ex-Monarch gerne in voller Uniform. Weiterhin verlieh er Orden, sprach Beförderungen aus, setzte hinter seine Unterschrift die Kürzel „I" für Imperator und „R" für Rex. Im Rauchzimmer, in das er sich mit Gefolge und Gästen nach dem Abendessen zurückzog, setzte er sich auf einen Stuhl, auf dem ein hohes Lederpolster lag, so dass er alle anderen im Raum überragte. Gleichsam vom hohen Ross herab sprach er dann gerne über die Welt und das Vaterland. Und er vergaß dabei auch nicht gebetsmühlenartig zu wiederholen, dass die Republik beseitigt und die Monarchie restauriert werden müsse.

Die nationalsozialistische Bewegung, äußerte er 1931, die ihm nicht *„in allen Einzelheiten gefalle"*, verkörpere nationale Energien, die Deutschland brauche, um wieder hochzukommen. Hitler, den böhmischen Gefreiten, wie Hindenburg ihn nannte, hielt er allerdings nicht für satisfaktionsfähig.
Als die Nazis schließlich an die Macht gelangt waren, beklagte sich Wilhelm. Sie *„behandeln mich viel schlechter als die Sozialisten mich je behandelt haben!"* Das lag wohl daran, dass Göring, nun preußischer Ministerpräsident, drohte, die Gelder zu sperren, die aus den ehemaligen Krongütern den Hohenzollern zuflossen, wenn sich der Exilant nicht still und wohl verhalte.

Nach dem Sieg gegen Frankreich schickte Wilhelm Hitler und der Wehrmacht seine Glückwünsche. Er fühlte sich persönlich am großen Erfolg beteiligt: *„Die brillant führenden*

Generäle dieses Krieges kommen aus meiner Schule, sie fochten unter meinem Kommando im Weltkrieg als Leutnants, Hauptmänner oder junge Majore.“ Ein guter Grund, Champagner zu ordern, war für ihn der Abschluss des Waffenstillstandes am 22. Juni 1940 in Compiègne, im Salonwagen des Marschalls Foch, in dem am Ende des Ersten Weltkrieges die Deutschen den Waffenstillstand hatten annehmen müssen. Wilhelm erklärte: „*Die Schmach vom November 1918 im Wald von Compiègne ist ausgelöscht und das Diktat von Versailles für immer zerrissen.*“

Und doch blieb ihm persönlich die tiefste Demütigung nicht erspart. Es war der letzte Ausgang des 82-Jährigen aus dem Park von Doorn, wenige Monate vor seinem Tod. Nach dem üblichen Holzhacken im Ameronger Wald traf der Kaiser im Winter 1940/41 einen deutschen Posten, der ein Munitionslager bewachte. Der Kaiser fragte den jungen Soldaten, der mit Hitlers Armee am 10. Mai in Holland einmarschiert war, in altgewohnter Weise nach seinem Herkommen.

Unbefangen antwortete der Landser dem alten Herren, hatte aber von einem Kaiser Wilhelm noch nie etwas gehört. Dabei muss dem Hohenzollern klar geworden sein, dass er von der Jugend vergessen war. Bleich und verstört kehrte er nach dieser Begegnung zurück und unternahm von diesem Tag an keine Ausflüge mehr. 30 Jahre hatte er als Monarch und oberster Kriegsherr die machtvollste und glänzendste Armee der Welt geführt. Nun musste er erkennen, dass ein einfacher deutscher Soldat nicht einmal wusste, wer und was der Kaiser gewesen war.

Winston Churchill resümierte erbarmungslos, als er die Nachricht vom Tode Wilhelms am 4. Juni 1941 erfuhr: „*Für den Kaiser, diese strahlende Gestalt, das verwöhnte Kind des*

Schicksals, Gegenstand des Neides für ganz Europa – für ihn war in der langen Reihe herzzerreißender Enttäuschungen und Desillusionierungen, in der Kette von Fehlschlägen und niemals ersterbenden Selbstvorwürfen, an deren Ende, nach der Verwüstung Europas, der Holzhauerblock in Doorn stand – für ihn war entschieden die strengste aller Strafen vorbehalten.“